착한
공부법

착한공부법

1판 1쇄 발행 2015년 2월 25일
1판 2쇄 발행 2015년 3월 16일

지은이 김연민 · 서승덕 · 이성근 · 조재홍 · 홍정수

발행인 양원석
본부장 송명주
책임편집 이지혜
전산조판 김미선
해외저작권 황지현, 지소연
제작 문태일, 김수진
영업마케팅 김경만, 곽희은, 이영인, 김민수, 장현기,
　　　　　　윤기봉, 송기현, 정미진, 우지연, 이선미

펴낸 곳 ㈜알에이치코리아
주소 서울시 금천구 가산디지털2로 53, 20층 (가산동, 한라시그마밸리)
편집문의 02-6443-8855　　**구입문의** 02-6443-8838
홈페이지 http://rhk.co.kr
등록 2004년 1월 15일 제2-3726호

ⓒ 김연민 · 서승덕 · 이성근 · 조재홍 · 홍정수, 2015, Printed in Seoul, Korea

ISBN 978-89-255-5553-9 (73370)

※ 이 책은 ㈜알에이치코리아가 저작권자와의 계약에 따라 발행한 것이므로
　본사의 서면 허락 없이는 어떠한 형태나 수단으로도 이 책의 내용을 이용하지 못합니다.
※ 잘못된 책은 구입하신 서점에서 바꾸어 드립니다.
※ 책값은 뒤표지에 있습니다.

RHK 는 랜덤하우스코리아의 새 이름입니다.

초등 선생님들의 과외카페
〈학습놀이터〉 공부 비결

착한 공부법

김연민
서승덕
이성근
조재홍
홍정수
지음

일러두기

- 이 책은 국립국어원의 맞춤법 표기법을 따라 집필되었습니다.
- 다만 저자들의 의도에 따라 '착한공부'와 '착한공부법'이란 용어는 예외적으로 붙여 썼습니다.
- 독자의 이해를 돕기 위해 교과서의 인용이 필요한 경우가 있어, 교과서 일부를 수록하였습니다. 자세한 출처는 이 책의 216쪽에 밝혔습니다.
- 57쪽에서 소개한 '공부와 긍정적 마음의 관계' 실험은 EBS 다큐프라임 〈공부 못하는 아이〉(2015)에서 다뤄졌던 내용으로, 해당 실험은 이성근 저자의 학급에서 진행되었습니다.

머리말
착한공부에서 희망을 보다

    2011년 11월, 초등학교에서 학생들과 즐겁고 행복하게 생활하던 5명의 선생님들이 함께 학습놀이터를 시작하였습니다. 담임교사로서 한 학급을 맡아 30여 명의 학생을 가르치는 것과는 다른 새로운 경험이었습니다. 전국 각 지역의 다양한 학생들이 학습놀이터를 방문했고, 선생님들은 마음을 활짝 열고 학생들과 소통하기 시작하였습니다.

    그런데 학습놀이터에서 만났던 학생들은 공부 때문에 행복하지 않았습니다.
공부로만 자신을 판단하는 엄마, 아빠가 싫다고 하였습니다.
초등학교 입학 전부터 시험 점수로 스트레스를 받고 있었습니다.
공부 때문에 자신감도 없어지고, 학교생활도 재미가 없다고 하였습니다.
옆에 앉은 짝은 친구가 아니라 경쟁자였고 자신보다 성적이 나쁘길 바랐습니다.
왜 공부를 해야 하는지도 모르고 무조건 공부는 열심히 해야 한다는 생각에 빠져 있었습니다.

이 책을 읽고 있는 여러분은 학습놀이터 선생님들이 어렸을 때보다 공부 때문에 더 많이 힘들어 하고 있습니다. 선생님으로서 정말 안타까웠습니다. 그래서 학습놀이터에서 100만 명의 학생, 학부모, 교사를 만났던 2013년, 공부로 행복해지면서 자신감도 얻고, 시험 점수 때문에 친구와 경쟁하는 공부가 아닌 친구와 함께 즐겁게 공부할 수 있는 '착한공부법'을 만들게 되었습니다.

착한공부법에는 학습놀이터를 방문한 100만 명의 공부 이야기가 담겼습니다. 학습놀이터 선생님들의 반에서 직접 학생들과 효과를 보았던 유익한 내용이라 자신이 있었지만, 한편으로는 '학생들에게 정말로 도움이 될까?' 하는 걱정도 하였습니다. 하지만 그것은 그저 걱정에 불과하였습니다.

착한공부법을 알게 된 학생들에게 행복한 변화가 생기기 시작했습니다.
수업을 재미없어 하던 선우의 눈빛이 초롱초롱 빛나기 시작하였습니다.
학교에 왜 가야 하는지 모르겠다던 지은이는 등교가 즐거워졌습니다.
윤지는 말합니다. 가장 공부하기 싫고 짜증났던 수학이 이제 가장 잘하고 재밌는 과목이 되었다고요.

2015년 1월 학습놀이터에는 200만 명이 넘는 사람들이 방문하였고, 드디어 《착한공부법》을 출간하게 되었습니다. 그동안 착한공부법으로 공부해 온 학생들의 의견을 적극적으로 반영하여 책을 만들게 되었습니다. 이제는 착한공부법이 많은 학생들에게 희망이 된다는 것을 확신하게 되었습니다.

공부를 왜 해야 할까?
공부는 어떻게 해야 할까?

이제 이 책을 통하여 학생들은 스스로 대답할 수 있을 것입니다. 공부를 하다 모르는 것이 생기면 학습놀이터로 오세요. 선생님들이 만든 2,500여 개 친절한 동영상에서 답을 찾고, 친구들이 만든 공부계획표나 공책정리를 보면서 즐겁게, 함께 공부를 한다면 착한공부법을 자연스럽게 실천할 수 있을 것입니다.

착한공부법으로 대한민국의 모든 학생들이 행복해졌으면 합니다!

여러분은 할 수 있습니다.
학습놀이터와
학습놀이터 선생님들
학습놀이터를 방문한 200만 명의 친구들이 함께하기 때문입니다.

학습놀이터 드림(Dream)

가정통신문

스스로 함께 재미있게

학습놀이터
교사들 드림

☺ 초등학생 아이를 둔 부모님께 드리는 말씀 ☺

❶ 진짜 대화를 나누세요

내가 원하는 대답을 얻기 위한 대화가 아니라 모든 것을 수용하고 내려놓을 수 있는 대화를 시도해 보세요. 대화의 시작은 말하는 것이 아니라 듣는 것입니다. 그런데 어떤 부모님들은 아이와 대화를 하자고 해 놓고 아이에게 부모님이 듣기 원하는 대답을 강요하고 설교하기도 합니다. 이런 상황이 반복되면 아이들은 어른들이 듣기 좋아하는 말을 연습해서 잠깐 사용하다가 다시 어기게 됩니다. 아이가 피시방에 너무 자주 가서 걱정인 한 부모님의 의뢰로 아이와 상담을 한 적이 있습니다. 혼날 때면 아이는 다시는 피시방에 가지 않겠다고 했지만 말뿐이었습니다. 그러다 상담을 통해 아이로부터 "집에 가면 아무도 없어서 외롭다."는 말을 듣게 되었습니다. 결국 어머니께서 일하는 시간을 조정하셨고 아이는 피시방에 가는 일이 줄어들었습니다.

❷ 학교에서의 아이 모습을 이해하고 인정해 주세요

교사는 아이와 3개월 정도만 함께 생활하면 아이의 장점과 단점을 대부분 파악합니다. 집단생활에서는 때로 자기가 하기 싫은 일도 해야 하고 다투기도 합니다.

그러면서 본연의 성격이 드러납니다. 그런데 집에서의 아이 모습과 학교에서의 아이 모습이 다른 경우가 많습니다. 이때 부모님이 자신의 눈으로 직접 보지 못했다고 해서 사실을 인정하지 못하거나 왜곡하여 생각하면 아이의 문제 행동이나 고민을 해결하는 데 오랜 시간이 걸리게 됩니다. 아이의 단점을 인정하는 것이 부끄러울 수도 있겠지만 이것이 오히려 장점을 찾아내는 계기가 되기도 합니다. 정남이의 어머니는 수업 시간에 가만히 있지 못하는 아이가 걱정되어 교사에게 먼저 아이에 대한 고민을 털어놓았습니다. 그러자 교사는 어머니와의 상담 결과를 반영하여 아이의 활동성을 잘 살릴 수 있도록 체육부장을 맡겨 아이의 단점을 장점으로 바꾸어 주셨습니다.

❸ 간섭과 관심의 적절한 경계선을 지켜 주세요

최근 들어 아이들의 사춘기가 빨라지면서 어른들에게 조금이라도 간섭받거나 나름의 생활이 침해받는다고 생각되면 성격이 난폭해지거나 급격히 소심해지는 초등학생들이 많아졌습니다. 아이들에게 '언제 간섭받는다고 느끼는가'를 물었더니 대부분 '어른들이 자신에게 명령할 때'라고 대답했습니다. 아이들에게는 명령조의 어투보다는 '~해 보자', '해 보는 게 어떠니?'라고 부드러운 말로 접근하는 것이 좋습니다. 자유로운 대화 속에서 아이와 부모의 행동 가운데 무엇은 간섭이고, 무엇은 관심인가를 함께 정의 내리고 글로 적어 보는 것도 좋습니다. 한편 아이가 어떤 삶을 살고 있는지 알아보는 것도 매우 중요합니다. 책상의 낙서, 문자 메시지, SNS(카카오톡, 카카오스토리)의 프로필 등을 통해 아이들은 자신의 존재를 끊임없이 알리고 있습니다.

❹ 기다려 주세요

말 그대로입니다. 교우 관계나 공부에 있어서 스스로 해 보겠다고 하면, 잘 못하더라도 기다려 주시고 또 기다려 주십시오. 이는 무관심과는 또 다른 이야기입니다. 공부하려고 막 책을 폈는데 부모가 "넌 도대체 언제 공부하니?"라고 말하면 공부하고 싶던 마음이 싹 가시게 됩니다. 그런데 아이들 마음속 깊은 곳에는 '그래도 공부는 해야 되는 거야.'라는 생각이 있습니다.

  방과 후 학습을 하던 윤비가 연필을 내던지며 "엄마, 공부는 꼭 해야 돼요?"라고 물었습니다. 윤비의 어머니는 늘 하던 잔소리가 지겨워서 "하기 싫으면 하지 말고 얼마든지 놀아. 대신 공부하고 싶을 때 엄마가 도와줄게."라고 말했지만 나중에 뒤에 크게 후회했다고 합니다. 다음 시험에도, 그다음 시험에도 윤비의 성적은 점점 바닥으로 내려갔기 때문입니다. 하지만 결국 더 못 참은 것은 윤비였습니다. "엄마, 나 이번 시험은 잘 보고 싶어. 공부할게." 또래보다 성적이 좋았던 윤비는 성적이 떨어지자 자존심이 상했던 모양입니다.

  공부를 하고자 하는 동기는 저마다 다르며 스스로 동기부여를 하기까지는 시간이 많이 걸립니다. 어른에게는 그때를 기다려 줄 인내심이 있어야 합니다. 단, 그 기다림이 방관이나 무관심이 되지는 않아야 합니다. 늘 어린 것 같고 만족스럽지 못한 나의 아이지만 잠재능력과 재능은 나무로 비유하면 수십 미터를 자라날 만큼 무한합니다. 그러므로 자녀의 뿌리가 넓게 퍼질 수 있도록 '자신이 삶의 주인공'이라는 역할 연습에 이어, 다양한 체험뿐 아니라 실패 경험까지 충분히 할 수 있게 도와야 합니다. 그러면 어느새 아이는 부모님도 깜짝 놀랄 정도로 생각과 마음이 성숙한 성인이 되어 있을 것입니다.

❺ 내 아이가 존중받는 사회는 내가 다른 아이를 존중할 때 만들어집니다

  최근 학교폭력 문제를 다루는 신문기사나 TV 뉴스, 다큐프로그램을 보면 학교폭력이 단순히 폭력 가해학생의 개인의 문제가 아닌 한 가정의 문제, 더 나아가 공동체의 문제라는 인식으로 접근하는 것을 알 수 있습니다. '우리 아이는 저런 아이랑 가까이 하지만 않으면 된다.'라는 생각은 이제 무의미하게 되어 버렸습니다. 내 아이가 언젠가 학교폭력의 가해자, 혹은 피해자가 될 수 있는 사회 환경에서 부모님의 사회적 책임은 무엇일까요? '한 아이를 키우려면 온 마을이 필요하다.'라는 아프리카 속담이 있습니다. 부모님이 우리 아이의 친구, 더 나아가 또래 아이들의 삶과 생활에 관심 주시고 헤아려 주실 때 비로소 나의 자녀가 안전하고 행복한 세상에서 살아갈 수 있습니다.

❻ 갓 태어난 아이에게 하는 것처럼 당연한 일을 칭찬해 보세요

요즘 아이들은 칭찬 면역이라고 할 정도로 많은 칭찬 속에 살아갑니다. 그러나 대부분 결과에 대한 칭찬, 결과에 대한 기대 보상에 그치고 맙니다. 그러한 칭찬은 더 이상 아이들에게 깊은 감동을 주지 못합니다. 혹시 아이가 갓 태어났을 때를 기억하시나요? 잘 먹기만 해도, 걷기만 해도, 트림을 하기만 해도 기뻐하며 아이를 칭찬하셨을 겁니다. 학교를 마치고 돌아온 가현이에게 마중 나온 어머니가 "우리 딸 왔어? 학교에서 밝은 모습으로 오니 엄마가 참 기쁘네."라고 하시자, 가현이는 갑자기 울음을 터뜨렸다고 합니다. 실제로 SNS를 통해 아이들을 대상으로 '부모님께 가장 듣고 싶은 말'을 조사한 결과, 1위는 '학교 잘 다녀왔니?'였다고 합니다. 가끔은 무심코 지나쳤던 아이의 행동, 당연한 일들을 칭찬해 보세요. 그리고 결과보다는 '과정'을 칭찬해 보세요. 그렇다면 그 칭찬을 위해 부모님은 아이를 더 유심히 보실 것이고, 아이를 좀 더 이해하는 마음이 생기실 것입니다.

❼ 성적보다 성장이 먼저입니다

부모님들과 상담을 해 보면 성적에 참 많은 관심을 가지고 계시다는 것을 느끼게 됩니다. 내 아이 점수가 몇 점인지, 몇 등을 했는지, 평균은 얼마나 되는지, 우리 아이가 과연 잘하고 있는 것인가를 불안하고 초조한 마음으로 물어보십니다. 지난 시험보다 평균이 떨어지거나 등수가 내려가면 걱정을 하며 새로운 학원을 알아보거나 학원을 바꿔 보려고도 하십니다. 하지만 아이가 어제보다, 지난달보다, 작년보다 친구들과 잘 지내는지, 학교생활은 즐겁게 하는지, 타인을 더 배려

하는지, 자신의 진로에 대해 어떤 생각과 걱정을 하고 있는지를 아는 것이 더 먼저입니다. 성적보다 중요한 것이 있습니다. 바로 우리 아이의 성장입니다. 우리 아이가 얼마나 성장을 했는지에 대한 관심이 첫 번째입니다. 겉모습(키, 몸무게 등)뿐만 아니라 우리 아이가 얼마나 바른 인성을 가지고 사회 구성원으로서 역할을 다할지에 더 많은 관심을 가져 보세요. 과거처럼 골방에 앉아 혼자서 열심히 공부하고 시험에 합격하여 그 결과로 평생 동안 안정적으로 사는 시대는 이제 끝났습니다. 끊임없이 배우며 성장해 가는 시대가 온 것입니다. 그러기에 더욱더 아이의 성적보다 성장에 관심을 두셔야 합니다.

❽ 행복은 불행으로 쌓는 탑이 아닙니다

가끔 아이가 공부로 인해 스트레스를 받거나 힘들어할 때 부모님은 "이게 다 널 위한 거다." 혹은 "지금 고생하면 나중에 오히려 고마워할 거다."라는 말을 하시곤 합니다. 하지만 행복은 불행으로 쌓는 탑이 아닙니다. 운이 좋게 나중에 성공했더라도 불행은 불행으로 남을 뿐입니다. 과거의 고통이 좋은 추억으로 남으려면 그 당시의 삶이 가치 있어야 하는 것입니다. 아이가 학교를 감옥으로, 공부를 처벌로 생각하지 않아야 언젠가 다시 공부를 해야 할 때 즐겁게 시작할 수 있습니다.

한편 "공부에는 때가 있다."라거나 "지금 공부를 안 하면 나중에 후회한다." 등의 말은 누구나 듣고 자랐을 것입니다. 물론 공부는 학교 다닐 때 하는 것이 당연하고 효율적입니다. 그러나 사람은 저마다의 성장 속도가 있고, 그릇이 만들어지는 시기도 다릅니다. 아이들에게 이런 질문을 던져 보았습니다. "어느 날 갑자기 부모님께서 학교에 안 가도 된다, 공부도 안 해도 된다, 그러면 어떻게 하겠니?"라는 질문에 대부분 "한 달 정도는 실컷 자고 놀고 싶다. 그래도 학교에는 친구도 있고 공부는 해야 되는 것이니 다시 학교에 나올 거다."라고 대답했습니다. 이렇듯 아이들도 자신이 공부를 해야 되는 시기에 있다는 점을 잘 알고 있습니다.

❾ 부모님에게는 잘못이 없습니다

자녀는 부모의 거울이라고 합니다. 부모의 모습을 자녀가 똑같이 따라한다는 의미겠지요. 그래서 자녀와 관련한 이야기는 늘 '부모가 잘해야 한다.'로 끝나기 마련입니다. 교사와의 상담 중 부모님이 "혹시 내가 무엇인가 잘못해서……."라거나 "혹시 내가 뭔가 잘 몰라서……."라며 자신을 자책하며 눈시울을 붉히시는 경우도 더러 있었습니다. 아닙니다. 부모님에게는 잘못이 없습니다. 자녀의 바른 성장을 위해 노력하고 공부하는 부모님은 남들이 보기에 '자식 사랑이 과한 부모', '자식밖에 모른다.'라는 오명을 쓰기도 합니다.

그러나 요즘 세상은 부모의 역할이 예전과 같지 않습니다. 대부분 맞벌이를 하며 오랜 시간 일에 시달리는 분이 많습니다. 아이를 잘 돌보고 싶은 마음은 있지만 환경이나 몸이 따라주지 못해 괴로워하시는 분들을 보면 안타까울 때가 많습니다. 그러나 자책과 고민에 빠지더라도 부모님은 언젠가 해결책을 찾아냅니다. 교사와 끊임없이 대화하고 하나라도 더 배우기 위해 고민하는 부모님의 모습은 결코 잘못된 것이 아닙니다. 혹자는 이렇게 말합니다. 성공하는 유일한 방법은 계속 실패하는 것이다. 자녀 교육에서 최고 전문가는 바로 부모님입니다. 지금 이 책을 읽고 계신 순간에도 부모님은 최고의 전문가가 되어 가시는 중입니다.

그러기 위해서는 부모님이 먼저 행복해야 합니다. 내 아이의 행복을 위해 부모님께서도 불행으로 탑을 쌓으시면 안 됩니다. 부모님이 행복의 탑을 쌓으실 때 부모님의 거울인 자녀도 행복해집니다. 가끔은 아이를 잊고 여행과 취미에 시간을 투자하시고 부모님의 꿈에도 도전해 보세요. 자신의 꿈을 위해 도전하는 부모님과 늘 자신에게 얽매여 있는 부모님 중에서 아이는 어떤 부모님께 더 많은 것을 보고 배우게 될까요?

☺ 아이의 학교생활에 대해 얼마나 아십니까? ☺

　부모님이야말로 아이의 든든한 지원군이 되어 주셔야 합니다. 부모님의 마음 상태와 태도에 따라 아이들은 울기도 웃기도 합니다. 모든 부모님의 최고 관심사는 당연히 자녀 문제이겠지만, 실제 제대로 관심을 기울이고 계신지는 의문스러울 때가 많습니다. 아이의 학교생활과 관련하여 부모님의 관심도를 확인해 보십시오. 언제나 사람은 '빠르게'가 아닌 '바르게' 자라야 한다는 것을 꼭 기억해 주시기 바랍니다.

▲▲▲▲▲ ▲▲▲▲▲ 부모 관심도 체크리스트

항목	표시
❶ 나는 아이의 가장 친한 친구를 2명 이상 알고 있다.	
❷ 나는 요즘 아이가 가장 즐겨 보는 TV 프로그램, 혹은 게임이 무엇인지 2개 이상 알고 있다.	
❸ 나는 아이가 지금 학교에서 앉아있는 자리에서 칠판이나 TV가 잘 보이는지 (혹은 수업에 방해되는 것이 있는지) 궁금해서 물어본 적이 있다.	
❹ 나는 아무리 화가 나도 아침에 아이를 혼내거나, "학교 다녀와서 보자."라는 말을 하지 않는다.	
❺ 나는 아이에게 아빠나 엄마, 선생님, 아이의 친구에 대한 험담을 하지 않는다.	
❻ 나는 감정 코칭이나 육아, 공부법 관련 책을 2권 이상 갖고 있다.	
❼ 나는 학교에서 문제가 생기면 아이에게도 분명 문제가 있다고 생각한다.	
❽ 나는 아이의 모든 자료(작품, 성적표, 상장 등)를 모으거나 스크랩해 둔다.	
❾ 나는 1주일에 두 번 이상은 직접 책가방이나 주간학습 안내를 확인한다.	
❿ 나는 '공부는 결국 스스로 하는 것이다.'라는 말에 전적으로 동의한다.	

체크리스트, 이렇게 하면 좋아요!

- 부모님 혼자서 체크하시기보다 아이를 불러 함께하세요.
- 체크리스트의 내용을 부모님과 아이가 동시에 적은 뒤 서로 확인해 보세요.(포스트잇과 같은 작은 쪽지를 활용해 보세요.)
- 체크리스트 항목과 관련된 이야기를 서로 나누어 보세요.
- 체크리스트 항목 외에도 평소에 부모님이 생각하시는 것과 아이의 생각을 비교할 수 있는 질문을 던져 보세요.
  예) 가장 인상 깊었던 여행지, 최근에 엄마에게 속상했던 일, 부모님과 아이의 요즘 고민 등
- 체크리스트를 통해 부모님과 아이가 대화할 수 있는 기회를 만드세요!

머리말 | 착한공부에서 희망을 보다 005
가정통신문 | 초등학생 아이를 둔 부모님께 드리는 말씀 008

착한공부법 로드맵 021   **학습놀이터 선생님과 학생 소개** 022

01 공부가 싫어요

1 나는 공부가 싫어요 / 026
2 선생님도 공부가 싫었다 / 029
3 나만 공부가 싫은 걸까? / 030
  - 공부를 왜 해야 하는지 모르겠어요
  - 공부하고 싶은 마음이 생기지 않아요
  - 성적 때문에 공부가 싫어져요
  - 공부를 어떻게 하는지 모르겠어요

4 나를 알자! / 033

02 착한공부 VS 나쁜 공부

1 공부가 재밌는 사람들 / 036
2 공부를 왜 해야 할까요? / 037
  - 공부란?
  - 게임하는 것도 공부인가요?
  - 공부는 삶의 주인공이 되는 연습이다
  - 공부는 '남과 다른 나'로 만든다

3 나쁜 공부가 싫어요 / 047
  - 어른들이 미안해
  - 그래도 학원이 최고!?

4 착한공부가 뭔가요? / 053
5 공부를 잘하려면 마음 다지기부터! / 057

03 착한공부로 달라지는 아이들

1. 작은 변화부터 시작하는 착한공부법 / 060
2. 자신감이 생긴 아이들 / 063
   - 공부에 대한 생각이 바뀐 아이들
   - 학교 가는 것이 즐거워진 아이들
   - 부모님으로부터 인정받게 된 아이들
3. 남과 다른 내가 된 아이들 / 066
   - 내 삶의 주인공이 된 이야기
   - 공책정리법으로 학교를 바꾼 이야기

쉬는 시간 | 착한공부 복습 068

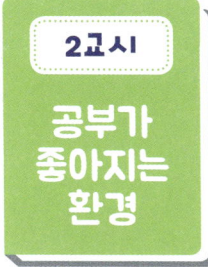

2교시
공부가 좋아지는 환경

01 내 책상 속이 내 머릿속이라고요?

1. 정리와 공부, 어떤 관계가 있을까요? / 072
2. 난 왜 안 될까요? / 074

02 공부가 잘되는 자세

1. 연필 제대로 잡기 / 075
2. 올바른 자세 / 079

03 내 공부방 정리하기 / 082

04 교실 내 자리 정리하기

1. 필통을 열어 볼까? / 084
2. 책상 정리법 / 085
3. 사물함 정리법 / 088

쉬는 시간 | 독서는 모든 교육의 시작! 090
가정통신문 | 아이에게 독서를 권하는 부모님께 드리는 말씀 094

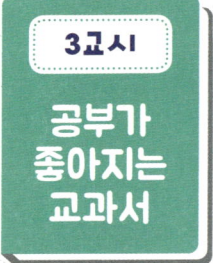
3교시 공부가 좋아지는 교과서

01 공부를 잘하는 방법을 알고 싶어요 / 098

02 예습으로 만드는 착한공부
   1 예습을 왜 해야 할까요? / 100
   2 교과서는 밥이다 / 101
   3 교과서가 중요한 이유 / 102

03 교과서 살펴보기
   1 공부의 지도 같은 존재, '차례' 살펴보기 / 103
   2 단원 도입 훑어보기 / 106
   3 본문 내용 꼼꼼히 살펴보기 / 108
      • 공부할 문제 확인하기
      • 배운 내용 정리 살펴보기
      • 표, 사진, 그래프 확인하기
      • 핵심 요약 찾아내기
   4 단원 마무리로 정리하기 / 116
   5 교과서 예습 따라하기 / 118
      • 교과서 문단 나누기

04 수업 시간에 착한공부하기
   1 적극적으로 수업 참여하기 / 121
      • 선생님과 눈 맞추기
      • 모르는 내용 질문하기
      • 발표하기

쉬는 시간 | 문제집! 어디까지 풀어 봤니? 123

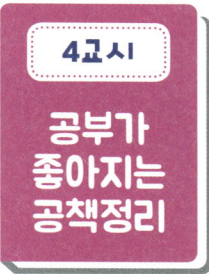

4교시 공부가 좋아지는 공책정리

01 복습, 코넬식 공책정리로 나만의 요점 정리하기
1 공책정리가 중요한 이유 / 128
2 공책 이렇게 만들어요 / 130
- 코넬식 공책 양식 만들기
- 학습목표 칸 채우기
- 정리 칸 채우기
- 핵심개념 칸 채우기
- 복습 칸 채우기

3 공책정리 따라하기 / 142
- 번호 붙이기와 들여쓰기로 한눈에 보이는 공책정리

02 마인드맵 공책 만들기
1 마인드맵 vs 설명글 / 144
2 마인드맵 정리법 / 147
- 공책의 중앙 부분에 핵심주제 적기
- 주가지와 부가지로 내용 나타내기
- 그림으로 나타내기

쉬는 시간 | 과학공부는 why에서 how로 151

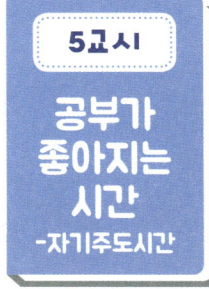

5교시 공부가 좋아지는 시간 -자기주도시간

01 시간이야기 / 156
02 자기주도시간이란? / 158
03 자기주도시간 계산하기 / 160
04 착한공부 시간 / 163
05 자기주도시간 Q&A / 166

쉬는 시간 | 1만 시간의 법칙 168

6교시 공부가 좋아지는 계획표

01 공부 계획 세우기 / 172
02 공부 계획 점검하기 / 178
03 착한공부 시간이 자라요 / 180

쉬는 시간 | 자투리 시간 활용하기 184

방과후 교실 학습놀이터 카페 활용법

01 착한공부 개념 되짚기 / 188

02 스스로 하는 착한 공부
  1 1교시 : 공부가 좋아지는 마음 / 190
  2 2교시 : 공부가 좋아지는 환경 / 192
  3 3교시 : 공부가 좋아지는 교과서 / 193
  4 4교시 : 공부가 좋아지는 공책정리 / 193
  5 5교시 : 공부가 좋아지는 시간 – 자기주도시간 / 194
  6 6교시 : 공부가 좋아지는 계획표 / 195
  7 착한공부人 인증 / 196

03 재미있게 하는 착한공부
  1 5분 동영상 강의 활용하기 / 197
  2 학습놀이터 선생님 소개 / 200

04 함께하는 착한공부
  1 질문게시판 / 204
  2 공부 비법 공유하기 / 205
  3 공부 친구 만들기 – 스터디 그룹 / 206

05 학습놀이터에서 신나게 놀자!
  1 공책정리대회 참여하기 / 207
  2 지식나눔터대회 참여하기 / 209
  3 또래교사 도전하기 / 213

교과서 인용 목록 216

학습놀이터 선생님 소개

이 책에 등장하는
멋진 학습놀이터 선생님들을
한번 만나 볼까요?

아송군쌤 수학 전문가

학습놀이터의 대장 쌤.
어려운 수학 문제를 쉽게 풀어 주는
탁월한 능력자.
누구나 반하는 예쁜 손의 소유자!
그런데 얼굴은!?

뻥쌤 사회 전문가

장난으로 뻥을 잘 치는 뻥쌤.
재미없는 사회를 완전 재미있게
가르치는 반전 매력이 빵빵!
누구보다 열정적으로 수업하며
수업 내용만큼은 뻥이 없음.

둘리쌤 과학 전문가

초록색 점퍼를 즐겨 입는 둘리쌤.
과학 실험을 직접 동영상으로
찍어 보여 주는 열정파!
여학생들이 특히 좋아하는
근사한 목소리가 자랑~

옹달쌤 과학 전문가

옹달샘에서 목을 축이고 가는
동물들처럼 온갖 지식을
아이들에게 주는 옹달쌤.
최강 비음의 목소리지만 왠지 모르게
공부에 빠지게 만든다!

악마쌤 국어 전문가

'아'낌없이 '마'구 퍼 준다 해서 악마쌤.
드라마나 예능처럼
재미있게 수업하는 게 장기!
항상 웃는 얼굴이라
학생들에게 인기 폭발~

여러분과 같은 고민을 가지고 있는
친구들도 소개합니다.

학습놀이터 학생 소개

예빈

초등학교 5학년. 공부보다
외모를 가꾸는 게 더 좋음.
EXO를 비롯해 아이돌에 대한
모든 정보를 잘 알고 있음.
부모님은 예빈이가 공부를
더 잘했으면 하셔서
종종 갈등을 빚음.

선우

초등학교 5학년. 컴퓨터게임이나
축구에 관심이 많으나
학교 수업은 재미를 붙이지 못함.
게임 캐릭터와 특징은 술술~
그런데 왜 영어 단어는
외우지를 못하는 건지!?
공부를 잘하고 싶지만
어떻게 할지를 몰라서 늘 고민!

1교시

공부가 좋아지는 마음

01

공부가 싫어요

1 • 나는 공부가 싫어요

학생이라면 모두가 마음속으로 품고 있는 말이 있습니다.

"공부가 싫어요!"

여러분의 친구들에게 가장 큰 고민이 무엇이냐고 물어보았습니다. 초등학생의 가장 큰 고민은 성적(공부)이라고 합니다. 친구(이성)와 가족 문제는 그다음이었습니다. 공부란 대체 무엇이기에 이렇게 우리들을 괴롭히고 있을까요? 옆의 그림에서 나의 모습을 몇 개나 찾아볼 수 있었나요? 많으면 많을수록 공부를 미워하고 싫어하는 정도가 심한 것이겠지요? 나는 왜 공부가 싫은지, 공부에 대한 나의 마음은 어떠한지 한번 생각해 볼까요?

공부에 대한 나의 생각을 마음대로 적어 보세요

앞에서 여러분이 적은 공부에 대한 생각 가운데 부정적인 이야기가 몇 가지나 있나요?

그럼, 학습놀이터 선생님이 학급 친구들에게 조사한 '공부가 싫은 이유 1위'는 무엇이었을까요?

"그냥, 왠지."

학생들에게 공부가 싫은 최고의 이유는 바로 "그냥, 왠지."였습니다. 왜 공부가 그냥 싫어졌을까요? 그리고 공부를 싫어하게 된 이유는 더 다양하다고 하는데, 다른 친구들은 다음과 같은 이유로 공부가 싫다고 합니다.

> "엄마가 자꾸 공부하라고 잔소리를 해서요."
> "아무리 열심히 노력해도 성적이 잘 나오지 않으니까요."
> "공부하면 노는 시간이 줄어들거든요."
> "뭔가 풀고 외우는 게 귀찮아요."
> "성적에 대한 스트레스가 너무 커요."
> "공부를 못하면 친구들이 무시해서요."

이렇게 다양한 이유들이 있는데 공감이 되나요? 하지만 이렇게 공부가 싫고 고민스럽더라도 공부를 잘하고 싶다는 마음은 누구나 다 가지고 있답니다.

2 • 선생님도 공부가 싫었다

한 가지 고백하자면 여러분을 가르치는 선생님들도 공부가 싫었습니다. 여러분에게 공부를 하라고 항상, 늘, 언제나 잔소리하시는 부모님도 공부를 싫어한답니다. 거짓말 같다고요? 당장 여러분의 선생님과 부모님께 "어렸을 때 공부가 좋기만 하셨어요?"라고 여쭈어 보세요. 아마 같은 대답이 나올 거예요. 비밀을 하나 더 공개하자면 이 글을 쓰고 있는 학습놀이터의 선생님들도 학생 시절에는 공부가 참 싫었어요.

일단 공부 자체가 '그냥, 왠지' 싫었고, 공부하는 게 재미가 없어서 놀기만 하다가 부모님과 선생님께 혼난 적도 있었어요. 선생님의 설명이 잘 이해되지 않아서 공부가 너무 어렵게 느껴질 때는 '포기할까.' 하는 생각도 했답니다. 시험을 만든 사람을 찾아내서 따지고도 싶었고 시험이 없는 세상에서 사는 게 꿈이기도 했습니다. 학원에 다니기 싫은데 부모님이 다니라고 해서 억지로 다녔던 적도 있었어요. 학원에 너무 가기 싫은 날에는 꾀병을 부리거나 아프기를 기도하기도 했고요.

왜 선생님도 공부가 싫었을까요?

> 왜냐하면 우리가 했던 공부는 '나쁜 공부'였기 때문입니다.

3 • 나만 공부가 싫은 걸까?

여러분도 공부가 하기 싫고 학교도 가기 싫고 모든 것이 나의 잘못인 것만 같아서 한심스럽게 느껴지는 때가 있었을 것입니다. 선생님도 그런 적이 있었답니다. 그런데 이런 생각이 계속되면 자신감이 없어져서 공부가 더 재미없어지고, 나아가 아예 공부하기가 싫어지게 됩니다. 그리고 '난 이 세상에서 쓸모없는 존재는 아닐까?'와 같은 불필요한 고민까지 하게 되기도 하지요. 하지만 이 모든 것이 여러분의 잘못은 아닙니다.

여러분은 아직 싹을 틔우지 못한 것뿐입니다. 남들보다 조금 늦게 자라고 덜 여문 것뿐입니다. 공부를 포기해야 할까요? 만일 여러분이 공부 때문에 모든 것이 싫어지고 스트레스를 받고 있는 친구들의 고민을 듣게 된다면 어떤 도움을 줄 수 있을까요? 학습놀이터 선생님들이 여러분들과 함께 그 해답을 찾아보려 합니다.

그럼 지금부터 바로 그 '나쁜 공부' 때문에 고민이 많은 친구들의 이야기를 들어 볼까요?

❖ **공부를 왜 해야 하는지 모르겠어요**

> 공부는 왜 하는 거예요? | 고민있어요!!
> 레인
>
> 요즘 공부하는데 왜 공부를 해야하는지 모르겠어요.
> 어떻게 해야 하죠?

공부를 해야만 할 것 같은데, 공부를 왜 해야 하는지 몰라서 고민인 친구 이야기입니다. 스마트폰에 있는 계산기를 사용하면 더 정확하고 빠르게 계산할 수 있는데도 학교에서 어려운 곱셈이나 나눗셈을 배우고 학원에서는 매일 어려운 수학 문제만 풀라고 합니다. 내 꿈은 가수라서 노래와 춤만 잘하면 될 것 같은데 필요 없고 재미도 없는 사회를 암기해야 해서 힘들다고 합니다. 여러분도 이와 비슷한 생각을 하지 않나요?

❖ **공부하고 싶은 마음이 생기지 않아요**

> **너무 귀찮아요** | 고민있어요!!
>
> **꼬마**▓▓▓▓▓▓▓▓▓▓
>
> 안녕하세요? 꼬마▓▓▓입니다. 제가 저번에 계획을 잘 못하겠다고 글을 올렸었는데요. 이번에는 더 큰 문제입니다. 무엇이냐면 제가 이제 공부계획표하고 문제집 풀기가 너무 귀찮아졌어요. 공부 잘 하려면 열심히 공부해야 되는데 너무 귀찮아요. 어떻게 해야 할까요? 이 귀찮음을 어떻게 해결할 수 있을까요?

이 학생은 공부는 잘하고 싶은데 공부를 하고 싶은 마음이 생기지 않아 걱정하는 친구입니다. 사실, 여러분들도 TV 보고 게임하고 친구들과 만나서 노는 것이 훨씬 더 재미있지요? 아무래도 공부보다는 노는 데 관심이 가는 것은 당연한 일입니다. 그런데 공부를 꼭 해야 하는 순간에도 딴생각이 들어 힘들다고 하는 친구들이 많습니다. 이것이 여러분에게 가장 큰 고민이 아닐까요?

❖ 성적 때문에 공부가 싫어져요

> 에휴... | 고민있어요!!
>
> 유노○○○○○○
>
> 음..초6인 유노○○입니다. 뭐 지금까지 전과집풀고 학습놀이터로 예습,복습 다하면서
> 성적은 중상위~상위권 정도로 유지하고 있습니다. 학기는 그런대로 수학이 쉬우니까 그럴수도있고.
> 근데 방학되고 계속 생각해보니까 제 또래애들은 벌써 (학년꺼 다끝내고 중학교과정 배우고있더라고요.
> 학원같이 다니는 남자애는 중제 배우고있고요. 근데 저는 그냥 너무 걱정없이 하고있는것같아요.
> 편지 2학기나 중학생되면 실력이 확 차이가 날것같아요.. 이 악물고 열심히 해야 따라잡을수 있을 정도로..
> 부모님께서도 저도 슬슬 수학학원 다녀야 된다고 하지만 편지 막상 갈 생각을 하면 다니기 싫고요.
> 하지만 저는 이상태로는 더이상 안된다는 것을 제가 누구보다 잘 알고있고,
> 조만간 다닐 생각을 하고는 있지만 막상 다니고 보면 수학실력이 오르긴 하겠지만
> 편지 학원숙제에 매달리는 친구들을 보면 한숨이 나와요..
> 이제 중학생도 될꺼고 자꾸 학업쪽 생각만 막 숨막히는? 그런 느낌이 듭니다.
> 어떻게 해야할까요?

위 학생과 같은 고민은 여러분도 많이 하고 있지요?

많은 학생들이 성적에 대한 부담감에 시달리고 있습니다. 나는 잘하고 있는 것 같은데 나보다 잘하는 친구들을 보면 괜히 주눅이 들고 내가 바보같아 보일 때도 있습니다. 그리고 이만하면 된 것 같은데 부모님이 더 잘하는 친구들을 나와 비교해서 상처를 받기도 합니다. 그렇다면 과연 어떻게 해야 할까요?

❖ 공부를 어떻게 하는지 모르겠어요

> 도와주세요 ㅠㅠ | 고민있어요!!
>
> To: ○○○○○○○
>
> 안녕하세요. 성적땜에 글올립니당.. ㅠㅠ
> 기말고사 성적이 떨어졌었는데.. 지금 생각해보니까 6학년 되면 과목이 좀 어려워진다고 하더라구요
> 성적 더 떨어질까봐 걱정인데 올릴 수 있는 방법 없을까요?

공부를 열심히 해야겠다는 마음은 있지만 어떻게 하는지 몰라서 고민인 친구 이야기입니다. 수업 시간에 선생님 말씀을 잘 들어야 하는데 가끔 다른 생각을 하는 바람에 수업의 흐름을 놓치는 경우가 있죠? 그다음부터는 수업이 전혀 이해가 되지 않기도 하고요. 공책정리가 중요하다고 하는데 어떻게 하는지 잘 몰라서 하지 못했던 적도 있지요? 선생님도 그런 경험이 있답니다. 수업 시간 내내 1초도 놓치지 않고 집중을 한다는 것은 정말로 어려운 일입니다. 게다가 공부하려고 자리에 앉으면 막상 무엇을 어떻게 해야 할지도 모르는 경우가 대부분이지요.

여러분의 이러한 고민들을 선생님들은 매우 잘 알고 있습니다. 이 책을 읽으면서 고민들을 차근차근 해결할 수 있을 것입니다. 우선 첫 번째 해결 방법은 우리가 해야 하는 공부, 그리고 진짜 공부가 무엇인지를 알아보는 것입니다.

4 • 나를 알자!

진짜 공부가 무엇인지 알기 전에 먼저 해야 할 것이 있답니다.
지금부터 내가 어떻게 공부를 하고 있나 한번 알아볼까요?
다음 34쪽의 빈칸을 채워 보세요. 작성하기 어렵거나 생각이 잘 나지 않으면 그냥 비워도 됩니다.

내 공부를 점검하자

내가 공부를 하는 이유는?
~~~~~~~~~~~~~~~~~~~~~~~~~~~~~~~~~~~

나는 평소에 하루에 _____ 시간 정도 공부를 한다.

내가 제일 많이 공부하는 과목은 _____ 다.

내가 공부를 잘하면 가장 좋아할 사람은 _____ 다.

지금 내가 가장 관심 있는 것은 _____ 다.

여러분이 지금 배우고 있는 것을 아래와 같이 한번 나누어 봅시다. 싫어하는 과목과 좋아하는 과목, 잘하는 과목, 못하는 과목을 생각해서 1, 2, 3, 4 위치에 적어 보세요. 너무 깊이 고민하지 말고 평소 여러분이 가지고 있는 생각을 솔직하게 적어 보세요. 빈칸이 있어도 괜찮습니다.

그럼, 다른 친구들은 어떻게 작성했는지 한번 볼까요?

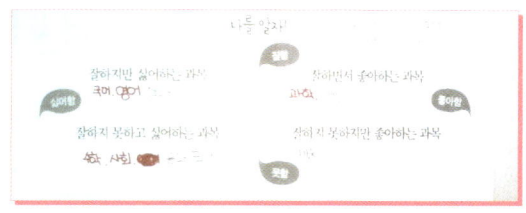

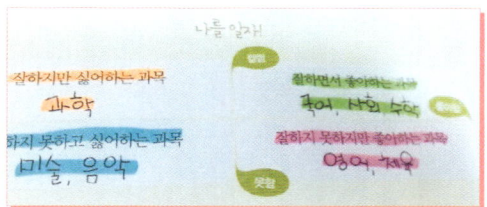

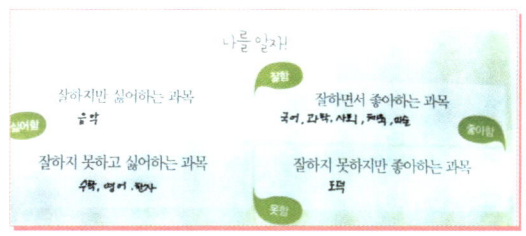

그런데 싫어하기도 하고 못하기도 하는 과목을 3번에 적으면서 걱정도 되고 머리도 아파지지 않나요?

도대체 3번은 어떻게 해야 할까요?

선생님이 약속하는데, 이 책을 다 읽고 난 후에는 앞에 3번에 적었던 내용들이 2번으로 바뀌어 있을 것입니다. 또 위에 표에 적었던 내용도 많이 바뀌고 적기 힘들었던 내용들도 즐거운 마음으로 적을 수 있을 것입니다.

02

착한공부 VS 나쁜 공부

1 • 공부가 재밌는 사람들

우리가 그렇게 싫어하는 공부가 재밌는 사람들도 있습니다. 도대체 어떤 사람들인지 한번 볼까요?

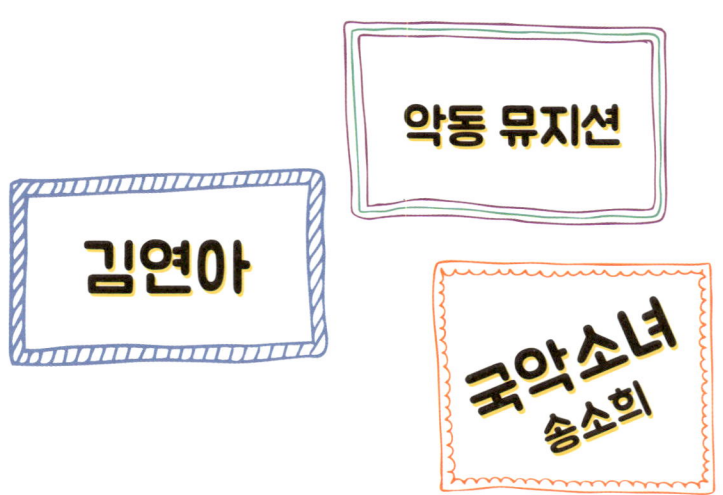

바로 김연아, 악동뮤지션, 국악소녀 송소희입니다.

"에이~. 이 사람들은 공부를 한 게 아니잖아요."

아마 여러분들은 이렇게 이야기할 것입니다.

그렇지 않습니다. 이들은 모두 공부를 한 것입니다. 그리고 공부를 통해서 행복해졌다고 합니다.

왜 공부가 재밌고 어떻게 공부를 통해서 행복해졌을까요?

2 • 공부를 왜 해야 할까요?

❖ 공부란?

공부 자체가 자신에게 꼭 필요한 것인지 궁금할 때가 참 많습니다. 학급이나 학교에서 1등을 하는 게 우리가 공부를 하는 목표일까요? 학생들에게 공부를 왜 해야 하는지 물어보았습니다.

"휴대폰을 뺏기니까요."
"공부를 못하면 창피해요."
"공부를 안 하면 엄마한테 혼나요."
"좋은 직업을 얻으려면 공부를 해야 하니까요."
"제 꿈이 의사인데 꿈을 이루려면 필요할 것 같아서요."
"나중에 굶지 않으려면 엄마가 공부를 하라고 하셨어요."
"시험을 잘 보면 엄마가 스마트폰을 사준다고 하셨어요."

공부를 잘한다는 학생들도 자신이 공부를 왜 해야 하는지 분명하게 알지 못하고 있습니다. 하지만 이것은 어찌 보면 당연합니다. 공부에 대한 자신의 마음을 정리해 볼 시간도 없이 점수 올리는 공부에만 급급했기 때문입니다. 공부는 시험 점수를 잘 받기 위해서 하는 것이 아닙니다. 또 좋은 대학에 가기 위해서 하는 것도 아닙니다. 어머니께 칭찬을 받거나 최신형 스마트폰을 얻기 위해서 공부를 하는 것도 아닙니다. 방금 이야기한 것들은 공부를 열심히 하다 보면 얻을 수 있는 것들의 일부일 뿐 공부를 하는 진정한 목표가 될 수는 없습니다.

공부의 진짜 목표는 내가 좋아지고, 내가 행복해지는 과정에 있습니다. 잘 이해가 되지 않지요? 조금 더 자세히 이야기를 해 보겠습니다.

공부는 교과서를 이해하는 것만이 전부가 아닙니다. 아침에 일찍 일어나서 학교에 등교하고 또 친구들과 재미있게 놀고, 점심도 맛있게 먹고, 수업도 열심히 듣고 하는 모든 것들이 다 공부입니다. 여행, 쇼핑, 운전, 연애, 축구, 야구, 게임, 노래 부르기, 친구와 사이좋게 지내기, 실패하기 등등 세상에서 여러분이 스스로 할 수 있는 모든 경험을 말하는 것입니다. 흔히, '공부'

하면 '국수사과영'을 떠올리기 쉽지만 그것은 공부의 일부분일 뿐입니다.

악마쌤은 해외여행이라는 공부를 못하는 사람 중에 한 명입니다. 악마쌤은 해외여행을 한 번도 해본 적이 없어 해외여행을 생각하면 두려움이 생기고 정신이 어지럽습니다. (분명 선생님보다 해외여행을 더 많이 한 친구들이 있을 것입니다! 그 친구들은 '해외여행'에 있어서 선생님보다 공부를 더 잘하는 셈입니다!) 이처럼 공부를 세상의 모든 경험으로 바꾸면 놀라운 일이 일어납니다. 우리 반 공부 1등은 더 이상 한 명이 아니게 되지요. 수학 1등 유빈이, 축구 1등 민승이, 게임 1등 성민이, 미술 1등 가연이 등등 무엇이든 최소 한 가지 이상은 잘하는 친구들로 가득한 세상이 됩니다.

지금 이 글을 읽는 친구들은 어떤 공부의 1등인가요? 그리고 그런 공부를 하고 나면 기분이 어떨까요?

그렇기에 우리 학습놀이터 선생님들은 공부를 하면 행복해진다고 하는 것입니다.

잘 공감이 되지 않겠지요.

벌써부터 '에효~ 어른들은 똑같아!'라고 생각하며 책을 덮는 건 아니겠지요? 자, 마음을 가라앉히고 여러분에게 정말 필요한 이야기라는 것을 믿고 계속 읽어 보세요.

❖ 게임하는 것도 공부인가요?

세상의 모든 스스로 하는 것들이 다 공부라고 말하면, "선생님, 그럼 게임하기도 공부인가요?"라고 묻는 친구들이 있습니다. 맞습니다. 게임하기도 공부입니다. 그렇다고 오늘 집에 가서 "엄마, 학습놀이터 선생님들이 게임도 공부래요. 전 게임 공부할래요." 했다가는 엄청 혼이 나고 말겠지요? 무엇이 잘못된 것일까요?

게임을 하는 것도 분명 공부가 맞습니다. 그런데 모든 공부가 다 똑같은 공부는 아닙니다. 예를 들어, 여러분의 부모님은 자신의 이름보다는 '엄마, 아빠'로 불립니다. 그 까닭은 엄마, 아빠로서의 역할이 있어서입니다. 부모님이 가장 먼저 해야 할 역할은 여러분을 사랑으로 돌보고 가정을 화목하게 유지하는 것입니다. 부모님도 게임도 하고 싶고 놀러가고 싶을 때가 있겠죠? 하지만 가장 중요한 역할이 여러분을 사랑으로 돌보는 것이기 때문에 하고 싶은 일은 잠시 미뤄 두고 부모님의 역할을 다하고 계십니다.

여러분에게는 어떤 역할이 가장 우선일까요? 바로 학생이라는 역할입니다. 학생이 가장 우선해야 할 '공부'는 무엇일까요? 문제집 잘 풀고 시험에서 1등하는 것일까요? 아닙니다. 가장 먼저 해야 할 중요한 공부는 바로 '학교에서 선생님과 친구들과 행복하게 지내는 것'입니다. 아까 게임만 하던 친구도 제일 먼저 학교 과제를 한 다음, 학원을 잘 다녀와서 게임을 했다면 아마 부모님께 크게 혼나지는 않았을 것입니다. 내가 하고 싶은 일보다는 내가 꼭 해야 하는 일을 먼저 하는 것이 중요합니다.

❖ 공부는 삶의 주인공이 되는 연습이다

여러분은 친구들과 함께 어딘가로 놀러 가거나 혹은 가족 여행을 가기 위해서 계획을 세워 본 적이 있을 것입니다. 더 재미있고 멋진 계획을 세우기 위해 자료를 찾아 정리하고 기억해 두는 것, 혹은 예쁜 옷이나 물건을 사기 위해 인터넷 검색을 하고 가격을 비교하는 일 모두 여러분이 스스로 하고 싶어서 하는 공부입니다. 이렇게 스스로 공부하는 사람이 공부를 잘하는 사람입니다.(성적만 높다고 공부를 잘하는 게 아니라고요!) 왜냐하면 이것도 인생에 필요한 공부이기 때문입니다.

앞으로 어른이 되면 필요 없을 것 같은 어려운 수학도 내가 스스로 인내심을 가지고 공부한다면 그 자체만으로 진짜 공부가 됩니다. 이러한 진짜 공부가 쌓여서 자신감이 되고 여러분의 인생을 만들어 갑니다. 마치 축구 선수가 축구를 잘하기 위해 훈련을 통해 다리 근육을 기르는 것처럼 현재 학생으로서의 삶에서는 이렇게 공부하는 과정이 여러분 자신감의 근육을 만들어 갑니다. 자신감 있는 사람이 삶의 주인공이 될 수 있습니다. 그리고 삶의 주인공이 되는 것은 행복한 삶의 첫 번째 조건입니다.

이렇게 삶의 주인공으로 당당하게 살아가는 많은 사람 중 한 명을 소개하려고 합니다.

바로 '김연아' 선수입니다. 김연아 선수는 데뷔 초부터 은퇴할 때까지 '올포디움(출전한 모든 대회에서 3위 이내에 입상하는 것)'이라는 엄청난 기록을 세웠습니다. 어떻게 한 번도 흔들리지 않고 최고의 성적을 낼 수 있었을까요?

시합 전, 운동선수들은 불안한 마음을 잠재우기 위해 멘탈 트레이너의 도움을 받는다고 합니다. 수많은 선수들이 멘탈 트레이너의 상담을 받았는데, 김연아 선수는 멘탈 트레이너의 도움을 받지 않았다고 합니다. 대단하지요?

오래전 13살이었던 김연아 선수에게 기자가 꿈이 무엇이냐고 묻자 김연아 선수가 이렇게 대답했다고 합니다.

"메달을 딸 수 있는 선수가 되겠습니다."

이 대답에 놀란 기자는 "정말 할 수 있겠냐?"고 되물었다고 합니다. 결국 김연아는 6년 뒤 열린 2010년 밴쿠버 동계 올림픽에서 당당히 금메달을 따는 선수가 되었습니다.

이제 여러분께 물어보고 싶은 게 있습니다. 만일 김연아 선수가 피겨스케이팅이 아닌 다른 공부를 했다면 어땠을까요? 사격이나 태권도, 축구, 아니면 의학, 법 등의 공부도 잘할 수 있었을까요? 선생님의 생각은 '그렇다.'입니다. 꿈을 향한 자신감이 큰 사람은 내 삶의 주인공이 될 수 있습니다. 그리고 삶의 주인공이 될 수 있는 사람은 어떤 일을 하더라도 훌륭히 해낼 수 있답니다.

❖ **공부는 '남과 다른 나'로 만든다**

> "선생님, 저는 음악가가 되고 싶으니까
> 음악만 잘하면 되지 않나요?"

> "선생님, 영화배우가 꿈이니까
> 공부는 필요 없겠네요?"

이런 말들은 얼핏 그럴듯하게 들리지만 사실은 전혀 그렇지 않습니다. '음악가가 되겠다.'라는 생각만으로는 훌륭한 음악가가 될 수 없습니다. 훌륭한 음악가가 되기 위해서는 음악과 관계없어 보이는 국어나 사회, 혹은 영어와 같은 다른 과목의 공부도 필요합니다. 곡을 쓰거나 느낌을 표현하기 위해서는 많은 배경지식과 경험이 필요하기 때문입니다.

또한 〈명량〉과 같은 역사영화를 촬영할 때 영화배우가 이순신이 어떤 사람이고 또 어떤 시대에 살았는지를 알고 영화를 촬영하는 것과 그렇지 않은 것은 연기의 깊이가 같을 수 없습니다.

　다시 말하면, 여러분이 하는 모든 공부는 앞으로 여러분이 해야 할 모든 일과 연관이 있습니다. 그래서 무슨 일을 하든지 그 일을 잘하기 위한 기본적인 소양을 기르기 위해서 공부하는 것입니다.

　결국 공부는 친구들과 경쟁을 해서 좋은 점수를 얻는 것이 목적이 아니라 남과 다른 나로 성장하기 위하여 공부를 하는 것입니다. 남들과 다른 내가 되는 것은 행복한 삶을 위한 두 번째 조건입니다.

　요즘 방송에서 인기 있는 오디션 프로그램을 보더라도 노래만 잘 부른다고 해서 좋은 점수를 받는 것이 아니라는 사실을 알 수 있습니다. 까다로운 심사위원들은 남들과는 다른 감정 표현과 목소리의 개성이나 독특한 감성 등을 가장 중요하게 생각합니다. 게다가 왜 음악을 하려 하는지, 음악에 진정한 마음이 있는지도 봅니다. 만일, '슈퍼스타 공부'라는 프로그램이 있다면 그저 성적으로만 1등인 친구는 절대 우승하지 못할 것입니다. 여러분이 '슈퍼스타 공부'의 심사위원이 된다면 어떤 기준으로 심사하겠어요?

지금 공부를 하는 것은 단순히 점수를 위해서가 아니라는 점을 확실히 아는 것이 가장 중요합니다.

앞에서 말했듯, 공부를 세상의 모든 경험으로 바꾸면 우리들의 세상에는 1등으로 넘쳐날 것입니다. 그때부터 옆에 앉은 친구들도 다르게 보이겠지요. 나만의 공부로 '남과 다른 나'가 된 친구들을 소개하겠습니다.

바로 '악동뮤지션'입니다. 서바이벌 오디션 프로그램 우승팀이지요. 그런데 이 팀은 다른 팀과 '다른' 점이 하나 있습니다. 무엇일까요? 이 팀은 오디션 과정 동안 대부분이 직접 작사 작곡한 노래로 심사를 받았다는 것입니다. 그리고 결과는 우승이었습니다. 모두가 목소리만을 내세울 때 악동들은 자신만의 무기인 톡톡 튀는 가사와 멜로디로 심사위원에게 큰 감동을 주었습니다. 톡톡 튀는 가사와 멜로디는 어떻게 만들어졌을까요? 악동들은 '다리꼬지마', '라면인건가?'와 같이 평소 학생으로서 느낀 점과 생활 속에서 일어나는 소소하고 다양한 이야기를 바탕으로 노래를 만들었습니다. 여러 경험이라는 공부가 '남과 다른 나'가 되는 음악을 만드는 힘이었습니다. 그리고 지금의 악동뮤지션이 되었습니다.

한 명 더 소개해 주려고 합니다. 한복을 곱게 입고 우리 전통음악을 하는 '국악소녀 송소희'입니다. TV 광고를 통해 많이 보았을 것입니다. 혹시 여러분 가운데 우리나라 판소리를 한 소절이라도 부를 수 있는 학생이 있나요? 아마 거의 없을 것입니다. 판소리는 우리나라 전통음악이지만 실제로 판소리를 아는 사람도, 제대로 부를 줄 아는 사람도 별로 없는 게 현실입니다. 하지만 송소희는 일렉트릭사운드와 댄스 음악이 대부분인 아이돌 가요계를 따라가지 않고 우리 전통을 음악을 공부해서 '남과 다른 송소희'가 되었습니다. 국악소녀 송소희 덕분에 언젠가는 우리나라 사람들이 다시 국악을 즐겨 듣는 날이 오지 않을까요?

지금까지 선생님이 설명한 내용들을 잘 이해했나요? 그렇다면 여러분들은 이미 공부를 잘할 수 있는 준비가 된 것입니다. 시작이 반이라는 말을 알고 있죠? 벌써 반은 성공한 것이랍니다.

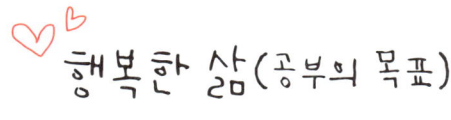

3 • 나쁜 공부가 싫어요

나의 공부 습관에 대해 확인해 봅시다. 해당하는 항목 옆에 동그라미(O)를 그려 보세요.

나의 공부 습관 체크리스트

항목	표시
❶ 나는 내가 공부를 해야 하는 이유를 알고 있다.	
❷ 나는 하루에 공부를 몇 시간 할 수 있는지 알고 있다.	
❸ 나는 좋아하는 과목, 싫어하는 과목과 자신 있는 과목, 자신 없는 과목을 알고 있다.	
❹ 나는 스스로 계획(공부법)을 세워 공부를 할 수 있다.	
❺ 나는 내 공부방과 책상 속 (사물함) 정리를 스스로 할 수 있다.	

위의 질문에 대해 몇 개의 동그라미를 칠 수 있나요?

47쪽 체크리스트의 동그라미가 적을수록 여러분은 '나쁜 공부'를 하고 있는 것입니다. 여러분의 '나쁜 공부'를 좀 더 구체적으로 알아볼까요?

이것이 나쁜 공부

- 학교에서는 대충 수업 듣고 학원에 가서 열심히 하는 선행 공부
- 부모님한테 꾸중 듣지 않으려고 하는 공부
- 돈이나 물건 등 조건을 걸어야 열심히 하는 공부
- 문제집만 들여다보며 맞은 개수에 만족하는 공부
- 시험 점수를 잘 받기 위해 시험 기간에만 잠깐 하는 공부
- 학교나 학원에 다녀오기만 해도 공부한 걸로 치는 공부
- 다른 친구보다 성적을 잘 받아서 돋보이기 위해 하는 공부
- 공부는 오로지 국어, 수학, 사회, 과학, 영어만 하면 된다고 생각하는 공부

질 낮고 나쁜 물건을 사면 오래 쓰지 못하고, 나쁜 음식을 먹으면 몸을 해치게 되는 것처럼 '나쁜 공부'는 공부에 대한 흥미와 성취감을 떨어뜨리고 마침내 공부에 대한 자신감마저 떨어지게 합니다.

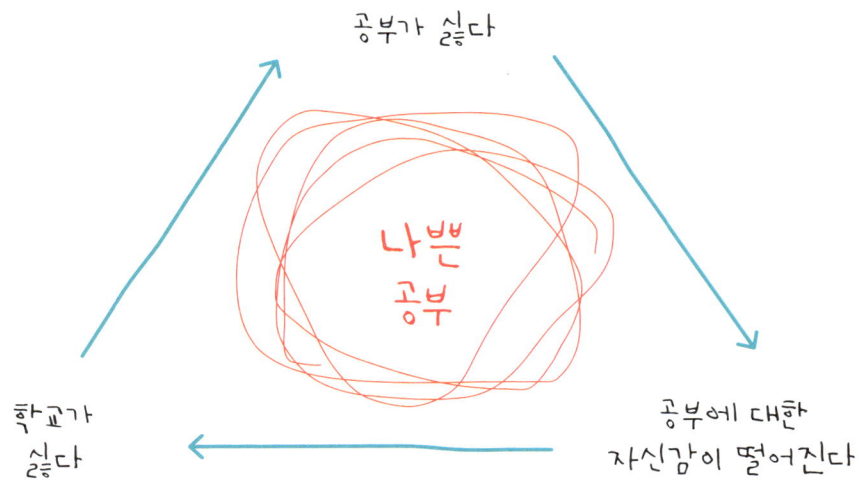

그렇다면 이러한 나쁜 공부는 왜 생겨났을까요?

❖ **어른들이 미안해**

나쁜 공부는 다름 아닌 어른들 때문에 생겼습니다. 이것은 여러분의 부모님과 선생님 그리고 이 글을 쓰고 있는 학습놀이터 선생님까지 포함한 어른들 모두에게 해당됩니다. 여러분을 이렇게 점수와 등수에 매달리게 하고, 학원에 시달리게 한 것은 경쟁 위주의 교육을 만든 어른들의 잘못입니다. 어른들 역시 경쟁 위주의 교육환경에서 자랐기 때문에 여러분에게 같은 교육환경을 만들어 줄 수밖에 없었던 것이 안타까운 현실입니다.

어른들도 사실 모두가 1등이 될 수 없다는 것도, 여러분이 경쟁 위주의 교육환경에서 자라서는 안 된다는 것도 알고 있습니다. 하지만 우리나라 교육의 현실을 떠올렸을 때 '나쁜 공부'의 유혹을 쉽게 떨쳐 버리기 어려웠을 것입니다.

　왜냐하면 '나쁜 공부'가 여러분의 마음을 괴롭히고 힘들게 하지만 언뜻 점수는 올려주는 것처럼 보였기 때문입니다. 하지만 이것은 일시적인 효과일 뿐입니다.

❖ **그래도 학원이 최고!?**

　아무리 이런 이야기를 들어도 학원에 다니는 게 안심이 되겠지요? 나쁜 공부가 싫지만 성적이 떨어지면 당장 부모님께 혼나는 건 여러분이니까요. 학원에 다니면 성적을 올리는 데 도움되는 게 사실이고 성적이 오르는 친구들도 있습니다.

　그런데 여러분은 정말 성적을 위해 학원에 가나요? 아니면 그냥 부모님 때문에 가는 건가요? 친구들의 이야기를 들어 볼까요?

어때요? 마음에 조금 와 닿나요? 학원에 다니는 것이 잘못된 일은 아닙니다. 학원 수업은 학교 수업에서 미처 익히지 못해 부족한 부분을 채워 줄 수도 있고, 배운 내용을 심화 학습하는 데 도움이 되기도 합니다.

"학원은 나쁘지 않은데
왜 학원에 다니면
나쁜 공부를 하게 될까요?"

왜냐하면, 아무 생각 없이, 자신의 의지와는 무관하게, 지나치게 오랜 시간을 여러 학원에 다니고 의존하면 나쁜 공부를 하게 되기 때문입니다.

선우와 예빈이 엄마의 대화를 들어 봅시다.

위의 모습을 보고 '와~, 우리 집하고 똑같네.'라고 생각하는 친구들도 있을 것입니다. 예빈이처럼 학원에 다니기 싫은데 부모님이 정해 주는 학원에 다니는 경우도 있을 겁니다. 그런데 예빈이처럼 그 학원에 다니면 정말 성적이 오를까요?

그렇지 않을 수도 있습니다. 왜냐하면 선우의 성적이 올랐던 방법이 나에게는 맞지 않을 수 있으며, 또 억지로 다니다 보면 열심히 하려는 마음이 들지 않기 때문입니다.

4 • 착한공부가 뭔가요?

앞의 이야기에서 우리는 왜 공부가 싫은지 알아보았고, 그 이유는 나쁜 공부 때문이란 것을 알게 되었어요. 그렇다면 착한공부란 무엇일까요?

> **"스스로, 재미있게, 함께."**

"에이~, 그게 자기주도학습이잖아요."라고 되묻는 친구들이 많겠지요? 하지만 여러분이 그동안 알고 있던 자기주도학습은 이런 것이었습니다.

지금까지 잘못 알아 온 자기주도학습

- 혼자 공부하는 것
- 학원에 가서 혼자 공부하는 것
- 엄마한테 혼나고 혼자 공부하는 것
- 선생님한테 혼나고 방과 후에 혼자 공부하는 것
- 친구랑 같이 만나서 과자 먹으며 혼자 공부하는 것

여러분 머릿속의 자기주도학습은 어떤 모습인가요? 여러분은 스스로 자신이 공부할 적당한 시간을 정하고, 공부해야 할 부분이나 과목을 선택하여 자신에게 알맞은 공부법으로 공부한 적 있나요?

착한공부란 내가 계획한 시간에 나에게 맞는 방법으로, 내게 필요한 과목을 공부하고 즐겁게 함께 나누는 것입니다. 단 5분을 하더라도 '스스로, 재미있게, 함께' 한다면 착한공부가 됩니다. 혼자서 하는 '나뿐(인) 공부'는 '나쁜 공부'가 될 위험이 있습니다.

> **"함께(공유)하는 공부는 왜 착한공부가 될까요?"**

여러 친구들 이야기를 통해 자세히 알아봅시다.

혼자 공부한다! - 나만이의 이야기

나만이 학생은 이번에는 꼭 제대로 공부를 하고자 마음먹었다. 그래서 나름대로 계획도 세우고 열심히 하려는 의지도 불태웠다. 하루 이틀은 열심히 하였다. 하지만 혼자서 하다 보니까 재미도 없고 모르는 것을 물어볼 사람도 없어서 이내 흥미가 없어졌다. 그러면서 점점 자신이 세운 계획을 지키지 못하게 되었다. 며칠이 지나자 열심히 하겠다는 마음은 사라지게 되었다.

위의 사례에서 나만이 학생의 공부법은 무엇이 잘못된 것일까요?

나만이 학생은 '나뿐인' 공부를 하려고 했기 때문에 계획을 꾸준히 실천하기가 어려웠습니다. 착한공부는 다른 사람들과 함께하는 것입니다. 함께하는 공부는 서로 격려하면서 도울 수도 있고, 혼자 하는 것보다 재미가 있기 때문에 더욱 효과적입니다.

그럼 함께해서 즐거운 착한공부 이야기를 한번 들어 볼까요?

계획을 함께 세우고 실천한다! - 서준이의 이야기

서준이는 새학기 들어 마음을 단단히 먹고 열심히 공부를 하였다. 그러나 예전과 달리 친한 친구인 민형이와 공부하기로 하였다. 계획을 세우는 단계부터 친구와 함께하였고 어떤 계획이 좋을지에 대해서도 이야기를 나누었다. 그리고 계획을 잘 지킬 수 있게 서로 검사도 해 주기로 하였다. 친구와 이야기를 하면서 계획을 세우니 훨씬 재미있고 계획도 잘 세워지는 것 같았다.

배워서 도움받고 가르쳐서 또 도움받는다! - 다은이의 이야기

다은이는 기말고사를 앞두고 걱정이 태산이었다. 가뜩이나 수학에는 자신이 없는데 시험 문제가 어렵게 나올 것 같았다. 수학을 잘하는 진영이에게 수학을 공부하는 방법에 대해 물어보았는데 큰 도움이 되었다. 그런데 진영이는 영어 단어를 외우는 것을 어려워했다. 그래서 다은이는 진영이에게 영어 단어를 쉽게 외우는 방법을 알려 주었고 이는 진영이에게 큰 도움이 되었다. 다은이는 앞으로도 친구들과 공부하는 방법에 대해서 많이 이야기를 나누어야겠다고 생각하였다.

관심받으며 공부하면 더 잘된다! - 혜민이의 이야기

혜민이는 평소 공책정리를 강조하는 선생님의 말씀을 이해하지 못했다. 그냥 대충 끄적거리면 된다고 생각했는데, 어느 날 선생님이 혜민이의 공책을 보시고 마인드맵이 훌륭하다며 사진을 찍어 '학습놀이터'의 노트필기대회에 올려 보자고 하셨다. 별로 신경 쓰지 않았지만 친구들의 반응이 궁금하였다. 예상외로 칭찬의 댓글이 쏟아지자 더욱 자신감이 생기고 공책정리에 더욱 관심을 가지게 되었다. 필기에 신경을 쓰다 보니 공부에도 흥미가 생기게 되었다.

> **좋아요!!** | 학습놀이터좋아요!
>
> knowle
>
> 음....
> 저번에 한번 올리고 또한번 학습놀이터가 좋다는 글을 올리게 되었습니다~
> 제가 이번에 학습놀이터가 좋다고 느낀이유를 알려드리겠습니다!!
> 먼저 저도 모르게 학습놀이터를 클릭중.............?
> ㅋㅋ
> 저도 모르게 집에 오면 학습놀이터에 출석을 하고 강의를 듣는 곳에 가있네요.....ㅋㅋ
> 학교에서 이해가 잘 안되는 부분이있으면 강의를 봐야지...........하는 생각이 제일먼저 든답니다!!

> 두번째는 또래교사!
> 제 의견을 너무 나도 잘 들어주시고, 이해해주시고, 멋진강의를 해주시는 또래교사가 있어서 또 좋은것같아요!!
> 강의도 너무 다들 좋으시고, 제가 몇몇 또래교사님들께 채팅을 해 보았는데 정말 좋은것 같습니다!!
>
> 세번째는 노트필기대회입니다!
> 제 노트를 사진찍어서 올리면 여러 넘께서 제 공책에 대한 평가를 해주시고, 저는 그 충고를 듣고
> 더욱더 발전해 나갈수 있어서 좋은것 같습니다!!
>
> 네번째는 나만의 공부비법 코너입니다.
> 제 공부 비법과 다른 다른님들의 공부 비법을 알아보고, 내껄루 만드는드 것도 정말 좋은것 같습니다.
>
> 학습놀이터!!
> 짱짱!!

위의 이야기처럼 공부의 계획이나 실천, 공부하는 방법 등을 친구와 공유하면 공부에 흥미가 생기고 실천하려는 의지도 커집니다. 친구뿐만 아니라 부모님이나 선생님과도 공부를 공유해 보세요. 그럼 더욱 효과가 좋습니다!

5 • 공부를 잘하려면 마음 다지기부터!

아송군쌤 반에서 공부에 대한 실험을 해 보았습니다. 공부할 때 긍정적인 마음이 얼마나 중요한지를 확인한 실험 내용은 다음과 같습니다.

> **긍정적 마음과 시험은 무슨 관계?**
>
> 아송군쌤 반의 학생을 수학 점수 평균이 같도록 두 그룹으로 나누었습니다. A그룹에게는 지난 1주일 동안 즐겁고 행복했던 일을 다섯 가지 적게 하고, 다른 B그룹에게는 기분 나쁘고 화났던 일을 다섯 가지 적게 하였습니다. 그리고 나서 같은 수학 시험지를 풀게 한 다음 두 그룹의 수학 평균을 비교해 보았습니다.

두 그룹의 수학 점수 평균은 어땠을까요? 즐겁고 행복하고 기뻤던 기억을 떠올렸던 A그룹이 기분 나쁘고 화났던 기억을 떠올렸던 B그룹보다 평균이 무려 5점이나 높았습니다.

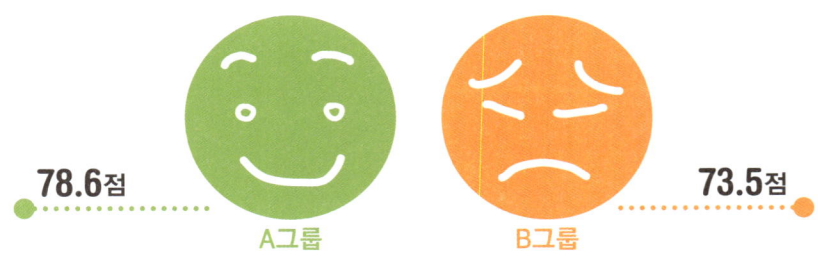

이와 비슷한 실험이 외국에서도 진행되었는데 기분 좋았던 일을 적은 후에 시험을 본 학생들의 성적이 더 좋았고, 심지어 환자를 치료하는 의사 선생님들도 기분 좋은 생각을 한 뒤에 진료를 하면 잘못된 진단이나 성급한 판단을 내리는 경우가 줄었다는 결과가 나왔습니다.

예를 하나 들어 볼게요. 달리기를 안 해 본 친구들은 없을 거예요. 오래 달리다 보면 숨이 차고 다리도 아프고 내가 지금 왜 달리고 있나 하는 생각이 들면서 달리기를 멈추고 싶어지죠. 하지만 그 힘든 순간을 조금만 넘기면 숨도 덜 가쁘고 몸이 편안해지면서 달리는 것 자체를 즐기게 되는 러너스 하이(Runner's high) 상태가 온다고 합니다.

공부도 이와 비슷한 면이 있습니다. 너무 공부하기 싫었던 내용이라 하더라도 가장 쉬운 것부터 조금씩 참고 공부하다 보면 원리나 내용을 이해하게 되고 재미를 붙일 수 있게 됩니다. 즉, 다른 의미의 러너스 하이 상태가 오는 것이지요.

물론, 그 과정은 달리기처럼 숨차고 힘들겠지요. 하지만 언제나 꼭 기억해야 할 것은 아무리 크고 험한 산이라고 해도 한 걸음씩 오르면 마침내 멋진 경치와 구름을 볼 수 있다는 점입니다.

여러분은 할 수 있습니다!

03

착한공부로 달라지는 아이들

1 • 작은 변화부터 시작하는 착한공부법

평소 잘 외우던 것도 시험 때면 왜 기억이 안 날까? 도저히 학교 공부는 잘 못하겠어.

지유는 사회 과목에 등장하는 역사 인물을 외우느라 스트레스를 받습니다. 그런데 선생님이 지유에게 대한민국 남자 아이돌 그룹을 말하라고 했더니 그룹 12개, 50명에 달하는 멤버를 줄줄 외웠습니다. 실제로 사회책에 등장하는 역사 인물은 50명도 안 될 것입니다. 그런데 왜 역사 인물 50명과 아이돌 50명은 내 머릿속에서 다르게 느껴지는 걸까요?

　　영어 단어 외우는 게 어려운 강문이는 리그 오브 레ㅇㅇ라는 게임에 등장하는 캐릭터를 50명 이상 알고 있고, 캐릭터마다의 고유 기술 4개를 술술 외우고 있습니다. 50명의 캐릭터가 각각 기술을 4개씩 가지고 있으니 강문이는 최소 200가지의 기술을 외우고 있는 것입니다. 재미있는 사실은 이 기술들의 이름이 대부분 영어 단어라는 것입니다.

　　여러분, 이 사람이 누구일까요? 네, 조선 시대의 유학자 이황 선생님입니다. 다른 위인들보다 이분의 얼굴이 낯익은 이유는 무엇일까? 맞아요, 바로 여러분이 정말 좋아하는 돈에 등장하시기 때문이지요!

이제 눈치 챘나요? 여러분은 절대로 머리가 나빠서 학교 공부가 어려운 게 아닙니다. 관심과 흥미가 없기 때문입니다. 공부에도 관심과 흥미만 생긴다면 어려움은 재미로 바뀌고 그 재미가 다시 공부하는 것을 더욱 신나게 만들어 줄 것입니다. 학습놀이터 선생님들이 반드시 그렇게 되도록 해 줄 테니 걱정 마세요.

학습놀이터 선생님들은 지금까지 교실에서 수백 명의 학생들을 직접 가르치고, 학습놀이터에서 200만여 명의 학생들을 만나면서 많은 학생들의 긍정적인 변화를 지켜보았습니다.

"내가 정말 할 수 있을까?"

'나도 할 수 있다.'는 자신감으로 도전해 봅시다. 뚱뚱하고 웃기기만 했던 싸이 아저씨가 '강남스타일'이라는 노래로 세계를 휩쓸고, 휴대폰을 팔던 폴 포츠 아저씨가 세계적으로 인기 있는 오페라 가수가 된 것은 자신이 잘하는 분야에서 용기를 잃지 않고 자신감 있고 당당하게 행동했기 때문입니다.

학습놀이터 선생님들은 현재 여러분의 삶에서 떼려야 뗄 수 없는 공부라는 녀석으로부터 여러분이 자신감을 얻을 수 있도록 작은 변화를 만들어 주고자 합니다. 이 작은 변화로부터 여러분의 미래가 바뀔 것입니다. 그리고 이 변화는 여러분 자신과 여러분의 교과서, 여러분의 교실에서 시작될 것입니다.

앞에서 착한공부를 하면 행복해진다고 하였는데, 과연 그럴까요? 지금부터 착한공부로 바뀐 친구들의 이야기를 들어 볼까요?

2 • 자신감이 생긴 아이들

❖ **공부에 대한 생각이 바뀐 아이들**

> 주제: 착한공부 3주간 내가 느낀점
> 내가 느낀점은 5가지 있다. 그리고 공부가 이렇게 쉬운건줄 몰랐다.
> 1. 공부가 재밌을 수도있다는 걸 알았다. 2. 스스로하면 쉬운걸 질 알았다. 3. 엄마가 잔소리를 안하면 공부가 쉬워진다는걸 알았다. 4. 공부를 30분 동안하니 쉬워졌다. 5. 문제집에서 필요문제, 필요없는 문제를 구별할 수있게되었다. 이 5가지를 느끼고 착한공부를 열심히 해야겠다는 느낌이 가장 들었다.

> 2014 3월 26일 수요일
> 3주동안 친구들과도 재밌게 놀고 우정도 깊어지면서 재밌었습니다.
> 게임 할때 잠깐 공부 생각이 났었습니다.
> 공부가 어려울지 생각을 했습니다.
> 그런데 공부를 하고 나니까 어렵지도 않았습니다.
> 이제 국,수,사,과가 재밌을것 같아요

> 주제: 착한공부 - 3주간 내가 느낀점. 내 생각이 바뀐게 있나?
> 3주동안은 숙천국이었다. 재미있는공부..!
> 그래도 이젠 공부를 해야된다ㅠㅠ
> 하루 30분만이라도 착한공부를 하니 정도 성적이 오를것 같다..!
> 앞으로 더 열심히 공부해야겠다. 성적 떨어졌다고
> 천국(천국)이라하고 (천국) 판단하기 전에...
> (지옥) (지옥)
> 만약 지옥가면 천국인지 지옥인지 저도 몰라요ㅠ
> 선생님 따라 가는거~ 제가 편하고 좋게 지냈으면 천국, 나쁘게 지냈으면 지옥..!

❖ **학교 가는 것이 즐거워진 아이들**

```
조간 내가 느낀 점.
원래 학교를 오기 싫어했는데 이런 학교가 오니 좋아졌다.
3시간 선생님과 만나시고 선생님에 대해 많이 알고
좋아 지나다 보니 선생님이 편해졌다. (좀 성격이 이상한 아이도 있지만 -.-..) 근데 내본 내생활을 내가 잘 실천할 수있을까
고민도 된다. 좀 딱한 공부 하는데 내가 어떻게 과분
쓰주 하는지 신기하고 앞으로 더 열심히 해서 습관
되었으면 좋겠다. 그래서 성적도 올리고 싶다.
물론 내가 열심히 해야 되는 거지만... 큼큼..
끄고 남솔 떠나서 우리반 분위기는 너무 좋은것 같다.
발표도 이뻐서면- 뜸금없지만 놀이공원 가서 츄러스 먹고 싶어영
ㅋㅋ.. 떡볶이 먹고 싶다. 요만에 부모 애기.. 흑.-
어.. 끄럼 안녕히 계세요. --- (근데애기, 맥드날드 얘기 해보았나요!!)
```

```
주제 - 시험공부
오늘부터 드디어 도서관에서 첫 시험공부가 시작됐당 (착한공부법고)
도서관에서 하니 집중이 잘되긴했다. 근데옆에 애들 겁나 시끄러움ㅜㅜ....
그래도 참고! 시험공부를 했다. 감성노트도 2쪽반쓰고 제일약한 과학 자습서도 꼼꼼히
읽고 풀고 사회도v 학원숙제3장 수학익힘 등 정말많이 한다.
과학성적잘나오려나~? 거의 2~3주 남았는데 이제부터 꾸준히해야겠다.
학교수업시간에 집중하면서 더 열심히 해야겠다. 학원에서도
다짐다짐 다짐다짐 다짐!! 이제문제집풀러가야지   바이
짧지만 -끝-
                          - 2014년 4월 12일-
```

❖ 부모님으로부터 인정받게 된 아이들

착한공부~3주간 내가 느낀점

가장 기억에 남는것은 노는것도 좋았지만 30분공부하는것이 제일 좋았다. 왜냐하면 내가 스스로 공부한적은 없지만 내가 스스로 방에들어가서 공부하니까 부모님께서도 기특하시다고 하고, 부모님이 시켜서하면 기분이 안좋지만 내가 스스로해서 하면 기분도 나쁘지 않고 칭찬도 해주셔서 기분이 좋다.... 그래서 착한공부를 1~2번하니까 내용도 기억에 남고...... 아무튼 착한공부 프로젝트를 해서 후회는 없다..^^

주제: 착한공부 ~3주간 내가느낀점 내생각이 바뀐게있나?

저는 착한공부를 3주간 해보고 나니까 공부하는 방법과 공부내용 정리방법을 알게돼서 기분이 좋았습니다. 이번 2014년은 공부열심히해서 부모님께 칭찬도 받고싶고 아빠한테 인정도 받고싶고 형 도움없이 공부하고싶습니다. 그러니까 저도 열심히하겠으니까 선생님 저 공부 잔가르쳐주세요 감사합니다.

주제 - 착한공부 ~3주간 내가느낀점, 내생각이 바뀌게 있나요? 아니면 여전히 어려운지

선생님과 많은 시간을 보내면서 정말 많은 사건, 일들이 있는것같다. 집에서 혼자 공부하는 착한공부는 꾸준히 하니 습관이 들면서 공부가 정말로 되는것같다. 집에서 엄마가 나에게 해주시는 행동이 뭔까.. 들락저린가나ㄱㄱㄱㄱ
　엄마가 집에 들어오시는 시간은 10시정돈데 내가그때 착한공부를 하는시간쯤이다. 그러면 들어오셔서 "어머~ 같이 공부해~?" 이러신다ㅋㅋㅋ
하여튼 착한공부 스스로 하니 공부가 잘된다!!
학교에서 3주동안 노트필기, 자기개, 공부방법 등 배웠다.
정말재미있는 알찬 3주였다. 교과서 진도보다 훨씬 재미있다. -끝-

3 • 남과 다른 내가 된 아이들

❖ 내 삶의 주인공이 된 이야기

> 014. March. 26th Wednesday
> 이제 공부를 왜 하는지, 공부가 무엇인지 알게 되었다. 공부는 내가 내 삶(인생)의 조연이 아닌 주연이 되기 위해 하는 것이며, 게임도 일종의 공부라는걸 알게 되었다. 난 그 3주간 그냥 선생님이 기분이 좋으셔서 수업을 안 하신 걸로 알고 있었다. 하지만! 지금의 난 다르다. 왜냐 섯듯이 난 공부가 무엇인지도 왜 하는지도 알게 되었다. 그리고 게임이 일종의 공부라고 해서 매일 매일 하루도 빠짐 없이 24시간 내내 게임만 해놓고서 엄마가 뭐라 한다고 '어머니 전 지금 게임이라는 이름을 가진 공부를 하고 있습니다.' 라고 대답 하진 않을거다

❖ 공책정리법으로 학교를 바꾼 이야기

> 오오~이런일이? | 학습놀이터쭝아요!
> 우등생○○○○○○○
> 제가 학놀에서 둘리쌤께 배운코넬식 노트필기를
> 학교에서 썼다가 선생님께 칭찬 받아서
> 선생님이 5학년 전체에 알리고 있어요^^(선생님이 부장쌤이십니당)그래서 5학년 전체에게 코넬식 노트를 가르치고 있다네요!그바람에 친구들이 어디서 배웠냐고
> 물어봤더니 제가 학놀이라고 소개를 해주었어요~
> 이제 우리학교에도 제 칭찬으로 인해서 모두 코넬식 노트를 쓸수있을것같아요웅♥♥♥♥♥

    이 같은 친구들의 변화에는 어떤 비법이 숨어 있을까요? 학습놀이터 선생님들이 지금부터 그 비법을 여러분께 알려 주고자 합니다. 절대 어렵거나 복잡하지 않습니다. 스스로 해 보겠다는 마음에 작은 실천만 따른다면 여러분도 이러한 변화의 주인공이 될 수 있습니다.

착한공부 복습

 1교시에서는 착한공부와 나쁜 공부를 설명하면서 여러분이 왜 공부를 해야 하는지에 대해 이야기했습니다. 공부에 대한 여러분의 생각도 어느 정도 정리되었을 것입니다. 그럼, 지금 바로 연필을 꺼내서 공부해야 하는 이유를 쓰면서 확실히 다짐해 볼까요?

내가 공부하는 이유는?

이번에는 OX 퀴즈를 통해 착한공부를 제대로 알고 있는지 알아볼까요?

착한공부 개념 확인 체크리스트

문제	O/X
❶ 성적만 잘 올리면 공부를 잘하는 것이다.	
❷ 교과서 배우기뿐만 아니라 방 청소, 친구와 만나는 것 모두 공부다.	
❸ 공부는 결국 혼자 하는 것이기 때문에 친구들에게 굳이 내 공부를 알려 줄 필요가 없다.	
❹ 지금 학교에서 배우는 건 어차피 나중에 쓸모가 없기 때문에 대충 해도 된다.	
❺ 계획표는 잘 못 지키더라도 내 공부 환경을 점검하기 위해 작성해 보는 것이 낫다.	

착한공부의 개념을 제대로 알고 있는 친구라면 아마도 'XOXXO'라고 대답했을 거예요. 그럼 이제 다음의 다짐을 마음속으로 외치면서 본격적으로 착한공부법에 대해 알아볼게요.

스스로, 함께, 재미있게 공부하는 _____ 의 다짐

① 공부는 내 삶의 주인공이 되는 연습이다!
② 내가 커서 무엇이 될지는 잘 모르지만 지금의 공부가 반드시 도움이 될 것이다.
③ 이제부터는 부모님, 학원때문이 아니라 스스로 하는 공부를 하겠다.
④ 힘들 때에는 선생님, 친구, 부모님께 도움을 청하겠다.
⑤ 절대로 해 보지도 않고 포기하지는 않겠다.
⑥ 여러분 스스로 공부하기 위한 자신만의 다짐도 적어 보세요.

2교시

공부가 좋아지는 환경

01 내 책상 속이 내 머릿속이라고요?

1 • 정리와 공부, 어떤 관계가 있을까요?

공부가 좋아지는 환경을 만들기 위해서는 먼저 정리 정돈을 잘하는 것이 중요합니다. 공부를 하려고 해도 주변이 정리가 안 돼 있으면 공부하고 싶은 마음이 달아나게 됩니다. 음식도 깨끗한 곳에서 먹어야 더 맛있게 먹을 수 있는 것처럼 공부도 깨끗한 환경에서 더 잘할 수 있습니다. 선생님들이 강조하는 정리 정돈이 반드시 필요한 이유는 크게 두 가지입니다.

첫째, 주변 정리를 하면 공부를 하고 싶은 마음이 부쩍 생겨납니다. 집에서 책상을 정리하거나 방 청소를 하고 나면 상쾌한 기분이 듭니다. 이러한 느낌은 공부를 할 때 더욱 집중할 수 있도록 도와줍니다. 만약 쓰레기가 너저분하게 널려 있고 책은 정신없이 쌓여 있는 곳에서 공부를 한다면 기분이 어떨까요? 과연 공부가 잘될까요?

둘째, 정리를 하면 공부할 때 필요한 물건들을 쉽게 찾을 수 있습니다. 정리가 안 되어 있으면 원하는 물건을 찾을 때마다 하나하나 뒤져 가며 찾아야 하고 어디에 있는지 몰라 한참을 헤맬 수밖에 없습니다. 그리고 평소에 방이나 책상을 부모님께서 정리해 주셨다면 찾는 물건이 어디에 있는지 다시 물어보고 찾아야 하기 때문에 시간이 더 걸리게 됩니다.

Before

After

여러분은 어떤 교실에서 공부하고 싶은가요?
정리가 안 된 교실에서 공부하면 학습 능력이 떨어질 뿐 아니라
안전사고의 위험도 커집니다.

2 • 난 왜 안 될까요?

공부를 하기 위해서는 주변의 정리 정돈이 중요한데 막상 정리를 해 놓아도 금방 어지럽혀지거나 정리가 제대로 안 된 것처럼 보일 때가 많습니다. 정리를 잘하는 능력은 타고나는 것일까요? 물론 그렇지 않습니다. 그렇기 때문에 정리하는 '능력'이라고 하지 않고, 정리하는 '습관'이라고 합니다. 정리는 바로 습관입니다. 정리를 잘 못하는 친구들은 대개 정리를 안 해 보았거나 또는 부모님이 대신 정리해 주었던 경우가 많습니다. 이런 친구들은 주변 정리를 하고 나서 곧 어지럽혀지면 자기는 정리를 못한다고 쉽게 포기를 하는 경우가 많은데, 처음부터 완벽하게 하려고 애쓰기보다는 꾸준히 반복하면서 습관을 들이는 것이 좋습니다.

이것은 마치 자전거를 처음 탈 때와 같답니다. 자전거를 처음 타면 중심을 잡지 못해 잘 넘어집니다. 그래서 넘어지지 않기 위해 보조 바퀴를 달고 타다가 능숙해지면 보조 바퀴를 떼고 두 바퀴로만 자연스럽게 타게 됩니다. 이처럼 정리 정돈도 처음에는 귀찮고 어려워 보이는 습관이지만, 학습놀이터 선생님과 여러 사람들의 도움을 받아서 꾸준히 하다 보면 어느덧 항상 깔끔하게 정돈된 자리에 앉아있게 될 것입니다.

나도 자꾸 하다 보니 잘하게 되었어!

02 공부가 잘되는 자세

잠깐! 주변 환경을 정리하기에 앞서 여러분이 공부할 때의 모습을 잠깐 떠올려 볼까요? 공부할 곳을 정리하기 전에 여러분이 공부를 잘할 수 있도록 도움을 주는 '공부가 잘되는 자세'에 대해 이야기해 봅시다.

1 • 연필 제대로 잡기

지금 옆에서 공부하는 친구의 공책이나 교과서를 볼까요? 삐뚤빼뚤한 친구의 글자를 보고 웃음이 나왔나요? 그러면 이번에는 친구의 연필 잡은 손을 한번 살펴보세요.

친구들이 연필 잡는 다양한 모습

　대부분 글씨체가 엉망인 친구들을 보면 연필을 잡는 자세가 독특하고 이상한 경우가 많답니다. 연필을 잡는 자세는 글씨를 바르게 쓰는 데 영향을 주기 때문에 관심을 가져야 합니다. 잘못된 자세로 굳어져 고치지 못하면 글을 쓸 때 손에 쉽게 무리가 오고 그 탓에 몸이 틀어지거나 구부정하게 됩니다.

　그럼 연필을 제대로 잡는 방법과 실천 방법을 알아볼까요?

연필을 올바르게 잡는 방법

세 번째 손가락에 연필을 받칩니다.

엄지손가락과 집게손가락을 바르게 모아 잡습니다.

연필심 끝에서부터 여러분 손가락 한마디 정도 이상 되는 곳을 잡습니다.

연필의 몸통을 편안히 눕힙니다.

너무 힘을 주어 잡지 않습니다.

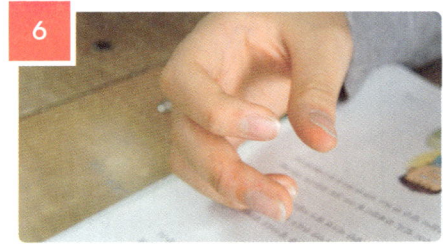

오래 연습하면 세 번째 손가락 첫마디가 눌리고 아플 수 있습니다. 바르게 잡고 있는 것이니 걱정하지 않아도 됩니다.

친구들이 연필 잘못 잡은 모습

연필 잡는 방법이 잘 적응이 안 된다면, 이런 방법을 써 보세요.

1. 사무용 집게를 활용해 볼까요?

2. 집게를 벌려 연필을 잡는 부분에 끼워 줍니다.

3. 연필 잡는 방법을 이용해 자연스럽게 잡고 연습합니다.

2 • 올바른 자세

연필을 제대로 잡고 글씨를 쓰다 보니 몸이 간질간질, 뭔가 불편한 느낌이 들지는 않았나요? 연필을 제대로 잡았다고 하더라도 자세를 바르게 하지 않으면 아무 소용이 없답니다. 왜 앉은 자세를 바르게 하는 것이 중요할까요?

친구들이 앉아있는 다양한 모습

여러분이 부모님이나 선생님께 많이 들었을 이야기입니다. 성장기에 놓여 있는 여러분의 뼈와 근육은 매일매일 발달하고 자랍니다. 한창 성장할 때 바르지 못한 자세로 오랜 시간 앉아있다 보면 여러분의 척추와 어깨는 바르게 자라지 못하겠지요? 이럴 경우, 등이나 목이 굽어 실제 키보다 작아 보인다거나 어깨가 틀어져 예쁜 옷을 입어도 멋이 나지 않고 증상이 심할 경우 오랜 시간 동안 허리와 목 디스크 등 척추 질환으로 고생할 수도 있습니다.

그럼 어떤 자세가 바른 자세인지 알아볼까요?

턱 아래로 가볍게 당깁니다.

팔 책상에 자연스럽게 걸칩니다.

허리 등받이에 바짝 붙입니다.

다리 90도로 바르게 세우고, 절대로 꼬지 않습니다.

중요한 점
앉은 지 40분 정도 되면 꼭 일어나서
기지개, 스트레칭 등으로 몸을 쭉쭉 뻗어 주세요.

이런 자세는 절대로 피해 주세요.

턱 괴는 자세는
턱관절을 비뚤게 하고
자세를 틀어지게 만들어요.

엎드린 자세는
목뼈와 허리의 곡선을
일자로 만들어요.

엉덩이를 살짝
걸치고 앉은 자세는
허리에 무리를 줍니다.

이 자세는
정말 위험해요!

다리 꼬기는
척추와 골반을
틀어지게 만듭니다.

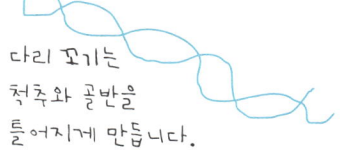

03

내 공부방 정리하기

이제 바르게 연필 잡는 법과 앉은 자세를 알아보았으니 본격적으로 공부방을 정리할 차례입니다. 늘 엄마나 아빠에게만 맡겨 왔던 공부방 정리, 오늘은 여러분이 한번 해 보는 것은 어떨까요? 정리 습관은 착한공부 완성에 한 걸음 더 가까이 갈 수 있게 해 줍니다.

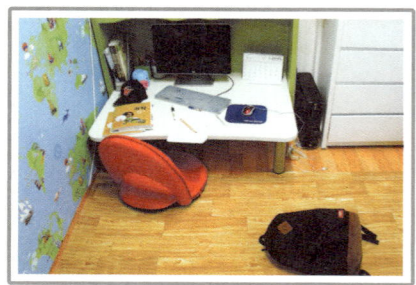

아무렇게나 내던진 가방과 어질러진 책상, 그리고 컴퓨터까지! 이런 방에서 공부하고 싶을까?

산뜻하고 기분 좋은 분위기, 공부하고 싶은 마음도 불끈!

불필요한 물건들, 특히 간식거리나 스마트폰은 멀리 치워 주세요!

정리하기 어려울 때에는 먼저 물건들의 '집'을 찾아 주세요! 연필은 필통에, 책은 책꽂이, 튀어나온 시험지는 다시 꽂기.

1. 공부방이 없는 친구가 있을 수도 있고, 집마다 가구나 자리 배치가 다를 수 있으니 상황에 맞춰 정리하세요. 다만 여러분에게 중요한 물건은 반드시 보기 좋고 깔끔하게 정리하세요.

2. 문제집과 교과서, 내가 자주 보는 책은 항상 잘 꽂아 두고 찾기 쉽도록 해야 합니다. 가끔씩 서랍 속을 정리해 주거나 책상 위를 물걸레질하는 것만으로도 기분이 상쾌해집니다.

3. 만일 정리가 어렵다면 두 가지만 기억해 두세요.

    ❶ 이것 빼고는 다 치우세요!
    - 자주 쓰는 것 : 필기도구, 연필깎이, 요즘 읽는 책 등
    - 중요한 것 : 교과서, 문제집, 공책 등
    - 나의 기분을 좋게 하는 것 한 가지 : 아이돌 사진, 로봇 1개

    ❷ 같은 물건끼리 모으세요!
    - 같은 종류끼리 두기
    - 도구로 분류하기 : 책꽂이, 박스, 가방 등에 넣기

04

교실 내 자리 정리하기

모든 것이 준비되었군요! 연필 제대로 잡기, 바르게 앉기, 공부방 정리까지 마쳤다면 이제 당당히 교실로 갈 준비가 되었습니다. 교실의 공부 환경까지 마무리된다면 여러분의 착한공부는 반 이상 완성된 겁니다. 왜냐하면 시작이 반이기 때문이지요!

1 • 필통을 열어 볼까?

착한공부를 제대로 실천하기 위해서 여러분의 필통 안에 꼭 있어야 하는 물건들을 살펴볼까요?

필통	필통 없이 연필 몇 자루를 가방에 대충 넣어 다니는 친구들도 있습니다. 필기용품을 담을 수 있는 공간이 꼭 필요합니다.
연필	샤프 등 편한 필기도구가 있는 데 왜 연필일까요? 샤프는 심이 잘 부러져 힘을 주어 쓰기 어렵고 샤프심 등을 넣는데 시간을 낭비하는 경우도 많습니다. 쓰는 힘을 기르는 데는 연필이 좋습니다.
지우개	연필로 쓰다가 틀리면 지우개로 지우는 것이 기본 상식이지요?
자	자는 수학 공부 등에 큰 도움을 주는 도구입니다.
볼펜 3색	교과서나 공책에 중요한 내용을 정리하고 밑줄을 그을 때 기본적으로 필요한 색은 검은색, 빨간색, 파란색 정도입니다. 더 많이 필요하지 않습니다.

2 • 책상 정리법

필기도구가 준비되었다면 학교 책상을 정리해야 할 차례입니다. 여러분의 책상 속을 잠깐 볼까요?

쓰레기처럼 방치된
공책과 교과서.
공부하고 싶은 마음이 전혀…

보기에도 좋고
공부하고 싶은 마음이 엿보이는
여유 있는 책상 속

공책 하나 꺼내기
어려울 정도로 어지럽게
꽉 들어찬 책상 속

내가 원하는 책과 공책을
편하게 꺼내 볼 수 있는 책상 속

그럼 학교에서 할 수 있는 정리 방법을 알아보도록 할게요. 아침부터 내내 앉아서 공부하는 책상 서랍은 다음처럼 정리하면 좋습니다.

1 시간표를 확인하고 1교시부터 차례대로 교과서를 포개면 가장 오른쪽에 1교시 과목의 교과서가 오게 됩니다.

2 책상 서랍 왼쪽에 교과서를 가지런히 넣습니다.(오른쪽에 넣는 것이 편하면 그렇게 해도 좋아요!)

3 '어? 거꾸로 넣었어요!'라고 생각할 수 있겠지만 잘못 넣은 것이 아니에요. 이렇게 하면 책을 꺼낼 때 과목 이름이 먼저 보이고 어떤 책이 있는지도 한눈에 알 수 있어요.

4 책상 서랍 오른쪽에는 공책이나 필통, 학습 보조 도구를 넣습니다. 자주 쓰는 필통은 맨 위에 두는 게 좋겠지요? 공책도 교과서의 순서와 똑같이 배치하면 꺼낼 때 아주 편리합니다.

한결 깔끔하고 공부에도 도움이 되는
책상 서랍 정리 끝!

　　책상 속을 정리하고 나서 공부하다 보면 나도 모르게 책상 위가 정신없이 어지러워져 있을 수 있습니다. 책상 위에는 그 시간에 배울 책과 공책, 필기구를 제외하고, 다른 것은 올려놓지 않습니다. 공부할 때 책상 위에 필요 없는 물건이 있으면 주의력이 분산되니까요.

어때요? 처음엔 귀찮고 복잡하지만 금방 쉽게 할 수 있습니다.

3 • 사물함 정리법

책상 서랍을 정리했다면 다음은 교실 사물함을 정리해 볼까요?

여는 순간 눈살이 찌푸려지는 사물함, 문을 열자 내용물이 쏟아져 내리는 사물함!

작은 바구니나 파우치, 책꽂이 등을 적절히 활용하면 사물함이 깔끔하게 정리됩니다.

1 가장 크기가 큰 책을 왼쪽부터 넣습니다.

2 그다음 같은 크기의 책을 넣습니다.

중간에 책꽂이를 넣어 줍니다.

이렇게 하면 책이 많아도 옆으로 쓰러지지 않고 꺼내기도 쉽습니다.

책 이외에 색종이나 풀, 칫솔 등 개인 물건은 작은 바구니에 담아 두면 잃어버릴 염려도 없고 깔끔하게 정리됩니다.

책이나 파일이 너무 크다면 위쪽에 눕혀서 넣습니다.

사물함이 작아서 큰 교과서가 들어가지 않을 때는 사진처럼 책등이 보이게 눕혀서 넣습니다.

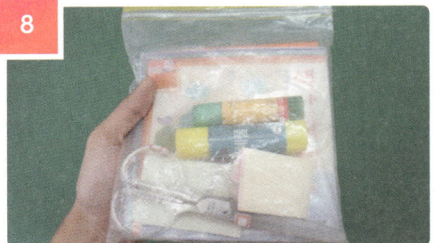

막상 필요할 때 찾기 힘든 가위나 풀, 사인펜 등을 지퍼백에 모아 두면 정리도 되고 찾기 쉽습니다.

독서는 모든 교육의 시작!

　평상시 수업 시간뿐만 아니라 중간고사, 기말고사 또는 단원평가를 볼 때 학생들이 손을 들고 단어의 뜻을 물어보는 경우가 가끔 있습니다. 선생님은 어떨까요? 선생님도 글을 쓰다 보면 상황에 딱 어울리는 단어나 글이 생각나지 않아서 힘들어한 적이 여러 번 있습니다. 그럴 때마다 '내가 평소에 책을 너무 안 읽었구나.' 하면서 후회를 한답니다. 이런 문제는 어휘력이 부족하기 때문에 생깁니다.

　초등학교 때가 어휘력을 향상할 수 있는 최고의 시기라는 연구 결과가 있습니다. 어휘 습득에는 가족들과의 대화, 친구들과의 대화, 다양한 매체가 도움이 되는데, 그중 가장 효과적인 것이 바로 '독서'입니다.

독서에는 정해진 길이 없습니다. 책의 종류나 독서 시간, 횟수, 독후감 작성 등에서 정답이 없다는 뜻입니다. 그렇다면 서점에서 독서법에 관련된 책들이 많이 팔리고 있는 이유는 무엇일까요? 바로 저마다 자신에게 맞는 독서법을 찾기 위해서일 것입니다. 선생님도 여기서 정답을 제시하고자 하는 것은 아닙니다. 다만 선생님이 평소 학생들과 부모님들에게 독서 지도를 하면서 강조하는 몇 가지를 소개하겠습니다.

❶ 학교 도서관의 모든 책을 읽고 졸업하자!

혹시 독서법 중에 '단무지' 독서법에 대해 들어 본 적이 있나요? 여기에서 단무지는 '단순·무식·지속'의 준말입니다. 말 그대로 단순 무식하게 지속적으로 '학교 도서관에 있는 모든 책을 읽자!'라는 각오로 독서를 시작해 봅시다. 초등학교 도서관 다음은 중학교, 고등학교, 구립 도서관 또는 시립 도서관 등 '도서관의 모든 책을 읽어 주겠어!'라는 마음으로 책을 읽는 것입니다.

그럼 어떻게 도서관에 있는 수많은 책들을 다 읽을 수 있을까요? 엄두가 안 날 때는 각 학년별 권장 도서부터 시작하는 것이 좋겠습니다.

대부분의 학교 도서관들은 학년별 권장도서를 따로 배치해 놓습니다. 권장도서가 50권이라면 1번부터 50번까지 순서를 정하고 차례대로 읽습니다. 중간에 읽고 싶은 책이 있더라도 꾹 참고 1번부터 읽는 것입니다. 마침내 50권의 책을 모두 읽었을 때의 성취감, 책장 한 칸의 책을 모두 읽었을 때의 성취감을 느껴 보면 독서에 대한 흥미가 더욱 생길 것입니다. 또한 몸에 좋은 영양소를 고루 섭취하듯 다양한 분야의 많은 책들을 읽는 건강한 독서를 할 수 있을 것입니다.

❷ 교과서 관련 책을 보자

수업 시간에 사회 과목, 특히 역사를 가르치다 보면 학생들이 많이 지루해 하고 어려워합니다. 역사는 외워야 할 것도 많고 교과서에서 다루는 내용도 많기 때문입니다. 하지만 역사적 사건이 일어난 당시의 시대적 상황이나 배경 등을 알고 나면 역사만큼 재미있는 것도 없습니다. 특히 사회 수업 전에는 미리 그 단원과 관련된 내용의 책을 소개해 주곤 하는데 그 책을 읽고 온 학생들은 교과서의 내용을 설명할 때 확실히 이해하는 정도가 다르고 눈빛도 다릅니다. 선생님이 말하는 내용에 대한 배경지식이 있으므로 재미있게 수업에 참여할 수 있는 것입니다.

사회뿐 아니라 국어와 관련해서도 교과서에 실린 글을 쓴 작가의 위인전이나 다른 작품들을 읽어볼 수도 있고, 교과서에 실린 글의 시대적 배경을 알 수 있는 책들을 찾아볼 수도 있습니다. 과학도 마찬가지로 학교에서 배우는 이론을 주장한 학자에 대한 위인전이나 실험과 관련된 재미있는 책들을 많이 찾아볼 수 있을 것입니다. 이처럼 교과서 내용의 이해나 흥미를 높이기 위해서는 교과서와 관련된 책 읽기를 먼저 하는 것이 좋습니다.

❸ 학습만화보다는 글로 된 책을 읽자

아침 활동 시간에 "독서를 합시다!"라고 하면 대부분의 학생들이 학습만화책을 책상 위로 꺼냅니다. 만화책 말고 글로 된 책을 읽자고 하면 학생들 얼굴 표정이 금세 안 좋아집니다. 그만큼 학습만화는 학생들에게 인기가 많습니다.

물론 학습만화도 좋은 점이 많이 있습니다. 학습만화를 통해 재미없는 내용을 재미있게 배울 수 있고 책에 관심이 없던 학생도 책에 관심을 가지게 되기도 합니다. 하지만 학습만화를 통해 점점 글이 많은 책으로 관심을 옮기지 못하고 계속 학습만화만 찾게 되면 문제가 됩니다. 짧은 단어들 위주로 된 만화를 즐겨 보다 보면 문장이 길어진 책은 읽기가 싫고, 재미없다고 멀리하게 되고 결국 표현력이나 어휘력을 키우는 것도 어려워집니다.

이제부터 학습만화보다는 좋은 글이 많이 담긴 이야기책을 가까이 하도록 노력합시다. 그런 책들을 읽으면서 머릿속에 더욱 재미있는 그림을 그려 봅시다.

❹ 영화나 만화로 만들어진 책을 읽자

선생님은 해리포터 시리즈를 좋아해서 해리포터 시리즈를 책으로 먼저 읽고 영화를 봤습니다. 주문을 걸고 마법을 부리는 장면이나 퀴디치 게임을 하는 장면처럼 책을 읽을 때는 머릿속으로 잘 그려지지 않았던 장면을 영화로 보면서 즐거워하기도 했고, 반대로 호그와트 마법학교처럼 상상 속에서는 더 웅장하고 멋지게 그렸던 모습이 영화 속에서는 생각보다 규모가 작고 초라하게 표현되어 아쉬웠던 점도 있었습니다.

영화나 만화로 만들어진 책을 먼저 읽고 영화를 봐도 좋고 영화를 먼저 보고 책을 읽어도 좋습니다. '내 머릿속에서는 이렇게 그려졌던 것을 영화감독은 이렇게 그렸구나.' 하는 차이점을 느낄 수도 있고 '이 부분은 나와 비슷하게 표현했구나.' 하며 공감할 수도 있습니다. 바로 이런 것들이 여러분들의 창의성과 독창성을 기를 수 있는 독서법이 되겠지요?

가정통신문

스스로 함께 재미있게 　　　　　　　학습놀이터
　　　　　　　　　　　　　　　　뻥쌤 드림

☺ 아이에게 독서를 권하는 부모님께 드리는 말씀 ☺

❶ **부모가 먼저 책을 읽어 보세요**

　잘 알면서도 가장 실천하기 힘든 방법 중 하나가 부모가 먼저 모범적으로 독서하는 것입니다. 저도 몇 년 전까지는 TV를 많이 보는 편이었습니다. 하지만 두 딸 아이가 자라면서 TV보다는 책을 보도록 노력을 하였습니다. 아이들이 학교에 가면서 자연스럽게 집에서 책을 자주 읽는 분위기가 되었고 집 근처 도서관에도 종종 가게 되었습니다. 어느 날 큰딸에게 물었습니다. "책 읽는 게 재미있니? 요즘 부쩍 책을 읽는구나." 그러자 이렇게 대답하더군요. "재미있는 책도 있고 아닌 것도 있어. 엄마, 아빠가 책을 보니까 나도 보게 되는 것 같아."

　부모의 독서 습관이 아이에게 많은 영향을 준다는 것을 확인한 뒤로 저는 집에서 더 열심히 독서를 하게 되었습니다.

❷ **아이와 함께 같은 책을 읽어 보세요**

　무작정 아이에게 책을 읽으라고 하기보다 자연스럽게 아이와 함께 책을 읽어 보면 이야깃거리가 생깁니다. 고학년으로 갈수록 아이들과 대화가 단절되어 힘들어하는 부모님들을 종종 봐 왔습니다. 아이와 같은 책을 읽으면서 책의 내용에 대해 서로 논쟁도 하고 때론 공통의 관심사를 이야기하면서 서로의 공감대를 형성하는 것은 어떨까요?

❸ 아이에게 책을 읽어 주세요

부모라면 누구라도 아이가 학교 가기 전에 책을 읽어 준 경험이 있을 겁니다. 그러나 아이들이 스스로 책을 읽을 줄 알게 되면서 부모가 책을 읽어 주는 경우는 매우 드뭅니다. 하지만 초등학생들도 아이입니다. 선생님이 책을 읽어 주어도 좋아하는데, 부모가 읽어 준다면 더 좋아할 것입니다. 몸은 힘들겠지만 아이가 잠들기 전 머리맡에서 잠깐 동안이라도 책을 읽어 준다면 아이와의 친밀감이 상승할 것입니다. 책을 읽어 주다가 중요한 부분에서 잠시 멈추고 "다음 이야기는 내일 읽어 줄게." 하는 식으로 지적 호기심을 자극한다면 아이는 더욱 적극적으로 책을 읽게 될 것입니다.

3교시

공부가 좋아지는 교과서

01

공부를 잘하는 방법을 알고 싶어요

많은 학생들이 공부를 잘하고 싶어 합니다. 그래서 친구들에게 공부 잘하는 법을 물어보기도 하고 인터넷 공부 카페 등을 돌아보며 다른 사람들의 노하우도 찾아보지만 따라하기가 쉽지 않습니다. 공부법 책들을 그대로 따라하려 해도 막상 무엇부터 해야 할지 고민되기 마련입니다.

공부 잘하는 법을 알려주는 수많은 책과 공부 잘하는 학생들의 말을 종합하면 결론은 이렇습니다.

예습과 복습하는 습관을 기르고, 수업 시간에 선생님의 말씀에 집중해야 합니다.

누구나 이렇게 하면 좋다는 걸 알고 있습니다. 그렇다면 어떻게 해야 예습과 복습을 제대로 하는 걸까요? 지금부터 학습놀이터 선생님들과 함께 알아보도록 해요!

02 예습으로 만드는 착한공부

1 • 예습을 왜 해야 할까요?

혹시 혼자서 낯선 곳을 찾아갔던 경험이 있나요? 아마 익숙하지 않아서 중간에 헤매기도 했을 겁니다. 하지만 그곳을 다시 갈 때는 처음보다 쉽게 찾아갔겠지요.

예습은 배울 내용을 미리 살펴보는 것이기 때문에 예습을 하면 수업 시간에 보다 익숙하게 공부를 시작할 수 있게 됩니다. 또 수업에 더 쉽게 집중할 수 있습니다. 예습과 혼동하기 쉬운 것으로 선행학습이란 말이 있습니다. 예습이 선행학습과 다른 점은 바로 스스로 공부할 내용을 살펴보는 착한공부 습관이라는 점입니다!

수업 전에 배울 내용을 미리 읽어 보고 문단도 나누고 중심 문장과 낱말을 찾아보는 활동으로 예습을 해 봅시다.

2 • 교과서는 밥이다

예습을 하기 위해서 반드시 필요한 것이 무엇일까요? 바로 '교과서'입니다. 하지만 많은 학생들이 공부를 할 때 무심코 지나쳐 버린답니다. 수업 시간에는 교과서를 펴서 무엇인가 적기도 하지만 수업이 끝나면 그냥 팽개쳐 버리곤 하죠. 하지만 교과서만큼 중요한 것은 없답니다!

학습놀이터 선생님들은 학교 수업과 교과서를 '밥'이라고 생각합니다. 매일 먹는 밥은 특별한 요리는 아니지만 우리가 생활하는데 꼭 필요한 영양소를 제공해 주는 중요한 음식이랍니다. 그런데 밥만 먹으면 뭔가 아쉽고 또 계속 먹기도 힘들겠지요? 그래서 밥과 함께 먹을 맛있는 반찬이 필요하답니다. 반찬은 학원이 될 수도 있고 문제집 또는 참고서가 될 수도 있습니다. 밥과 함께 반찬을 골고루 먹는 것이 중요한데 많은 학생들이 '밥'은 안 먹고 '반찬'만 먹는 잘못된 습관을 가지고 있답니다.

'밥'이 되는 교과서는 학교에 두거나 집에 두고 '반찬'인 문제집이나 참고서 또는 학원 공부만 열심히 하다 보면 언젠가는 탈이 납니다. 문제집이나 학원과 같은 반찬은 수업과 교과서라는 밥을 맛있게 먹기 위한 보조 음식이라는 사실을 반드시 기억하기 바랍니다.

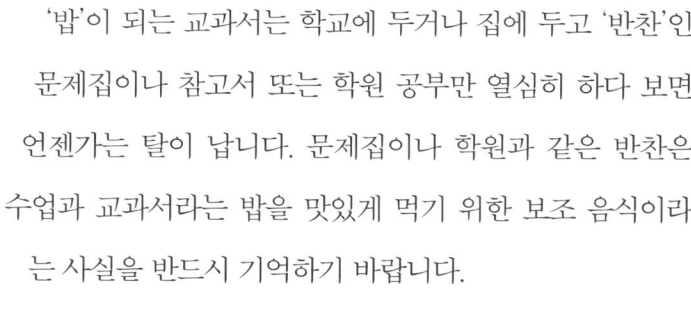

3 • 교과서가 중요한 이유

교과서가 왜 중요할까요? 많은 학생들에게 이런 질문을 하면 어떻게 대답을 해야 할지 망설이는 경우가 많습니다. 중요한 것 같지만 막상 공부를 할 때는 잘 보지 않는 교과서! 도대체 왜 중요한지 알아볼까요?

> **교과서가 중요한 이유**
>
> ❶ 교과서는 수업 시간에 가장 많이 활용하는 책입니다. 수업 시간에 배우는 내용이 바로 교과서 속에 있다는 사실을 꼭 기억하세요.
> ❷ 학습문제와 원리, 개념 등이 가장 자세히 나와 있는 책입니다. 교과서의 내용은 많은 사람들이 노력해서 만들고 다른 참고서나 문제집도 교과서를 기본으로 만들어집니다.
> ❸ 선생님들이 학생들을 평가할 때의 기준입니다. 따라서 시험 준비를 할 때 우선 교과서부터 꼼꼼히 살펴보는 것이 큰 도움이 됩니다.

이렇게 중요한 교과서를 보는 것만으로도 공부를 잘할 수 있는 첫걸음이 됩니다. 물론 밥과 반찬을 골고루 먹듯이 교과서를 중심으로 다양한 반찬들을 알맞게 잘 먹는 것이 공부를 잘하는 비결이랍니다.

교과서는 크게 차례부터 단원 도입, 본문 내용, 단원의 마무리로 구성이 되어 있답니다. 예습을 위해서는 먼저 교과서가 어떻게 이루어져 있는지 알아야 합니다.

03

교과서 살펴보기

1 • 공부의 지도, '차례' 살펴보기

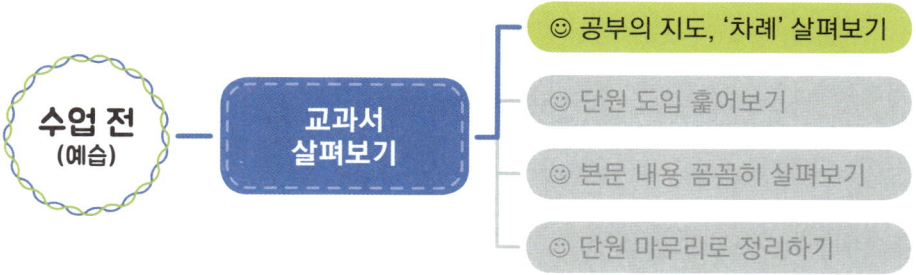

 퍼즐 놀이를 해 본 적이 있나요? 많은 조각들을 이리저리 돌리고 맞춰서 하나의 그림을 완성해야 하는 퍼즐 놀이를 잘하는 비법이 있습니다. 퍼즐이 다 맞춰졌을 때 나오는 전체 그림을 참고로 보면서 작은 조각들을 하나하나 맞춰 가는 것입니다.

 이처럼 공부를 시작할 때에도 '차례'를 통해서 전체적인 모습을 살펴보면, 공부할 내용이 한눈에 들어와 앞으로 배울 내용을 짐작해 볼 수도 있습니다.

　퍼즐을 완성하기 위해 중간중간 그림의 전체 모습을 살펴보듯이 단원을 마치거나 소단원을 정리할 때 다시 차례를 보세요. 그러면 내가 어디까지 배웠는지를 알게 되고 앞으로 어떤 내용이 나오는지 큰 흐름도 되짚을 수 있어 공부에 큰 도움이 됩니다.

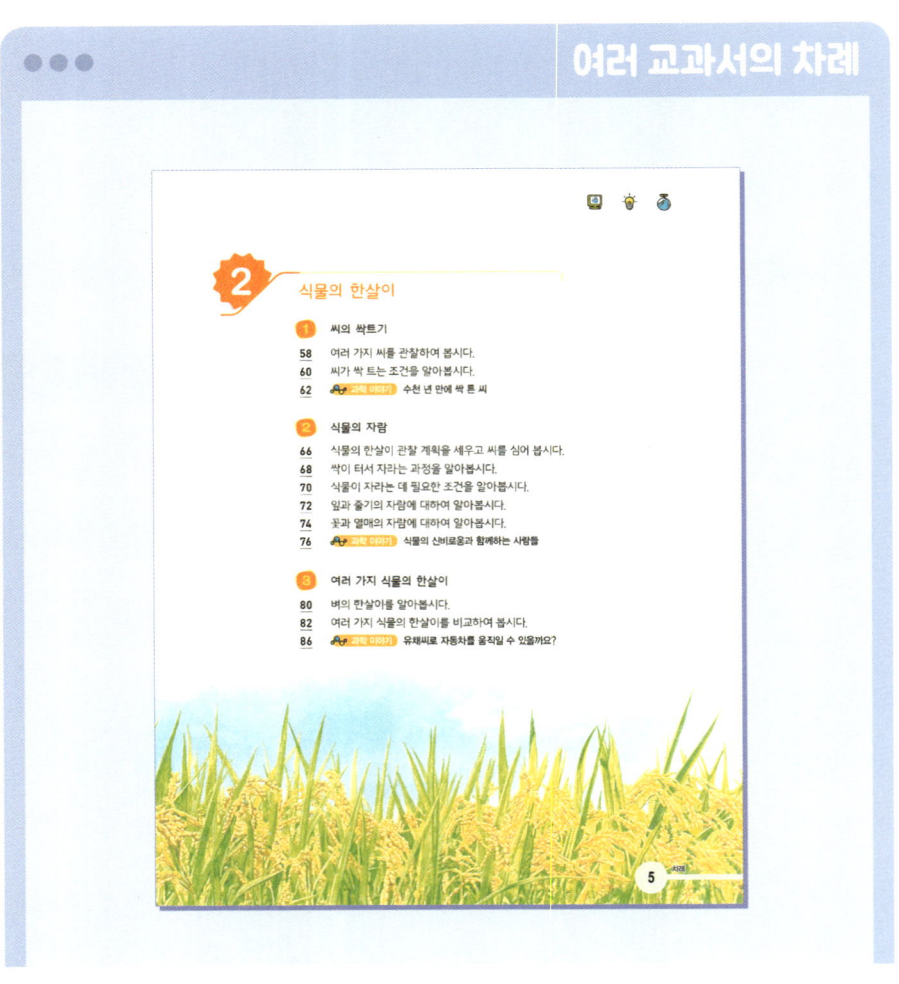

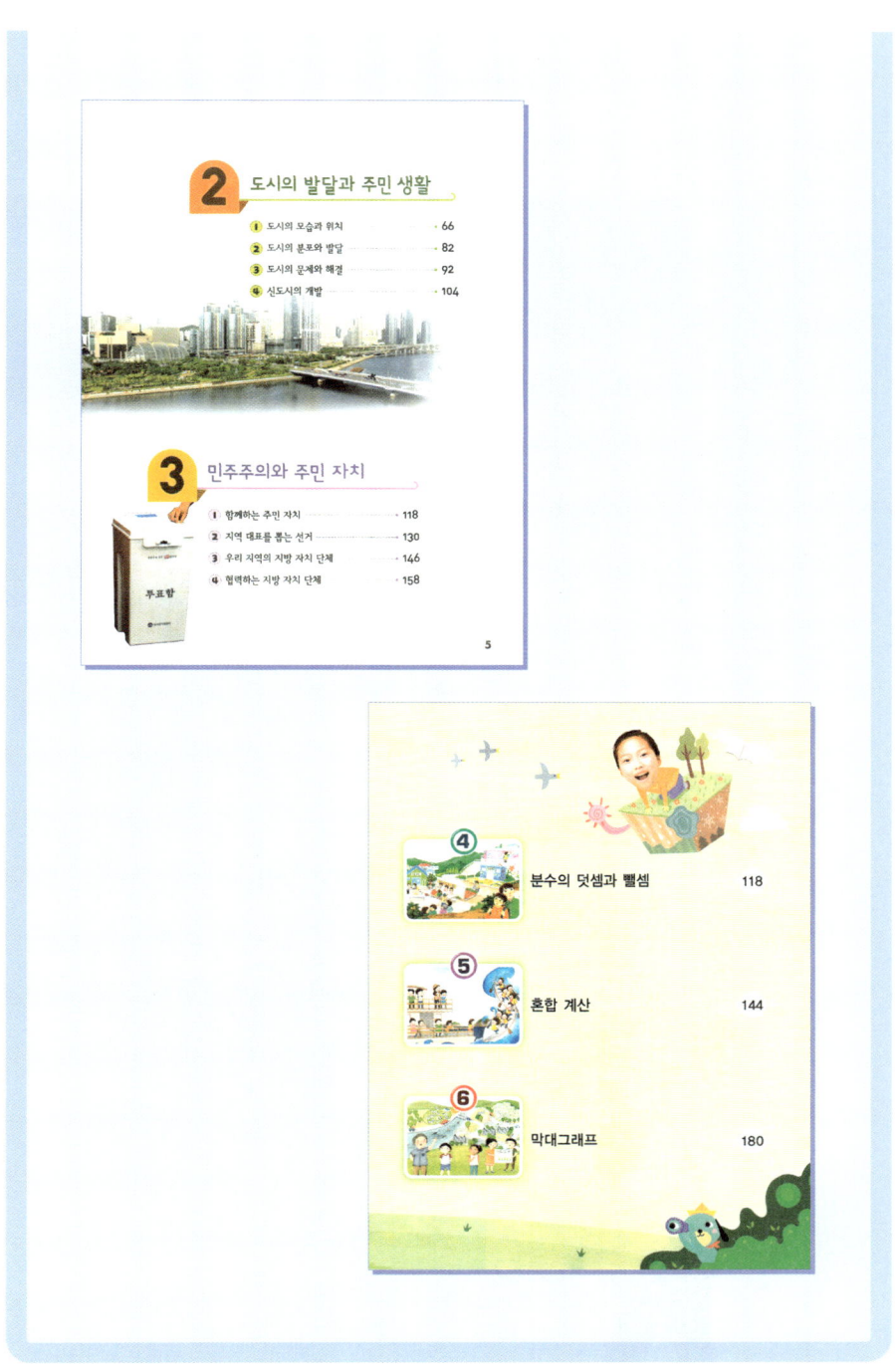

2 • 단원 도입 훑어보기

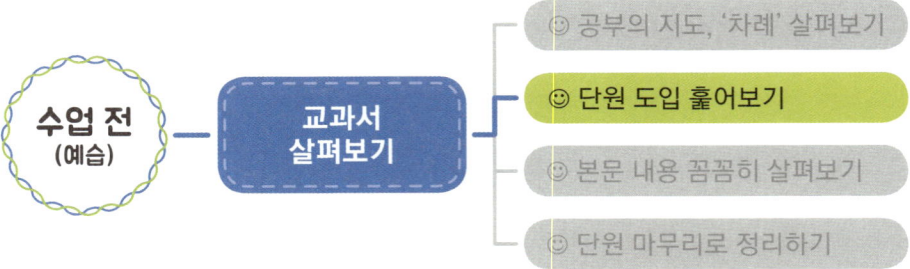

교과서의 각 단원은 과목마다 조금씩 차이는 있을 수 있지만 대부분 단원 도입, 본문 내용, 단원 마무리로 구성되어 있습니다. '단원 도입'에서는 이번 단원에서 꼭 배워야 할 내용을 맛보기로 보여 준답니다. 영화에 비유하자면 예고편과 같은 역할을 합니다.

대부분의 학생들은 단원 도입 부분을 무심코 지나칩니다. 그러나 단원 맨앞의 도입 부분을 간단히 읽는 것만으로도 수업 내용을 이해할 때 큰 도움이 됩니다. 예습을 하는 경우에도, 단원 도입 부분을 살펴보면 공부할 내용을 미리 파악할 수 있습니다.

사회 교과서의 단원 도입

학습내용
- 촌락의 위치와 자연환경은 어떠할까요?
- 촌락에서 볼 수 있는 시설과 사람들의 생활 모습은 어떠할까요?
- 촌락은 어떻게 만들어지고 발달하였을까요?
- 촌락의 문제점과 해결 방법은 무엇일까요?

3 • 본문 내용 꼼꼼히 살펴보기

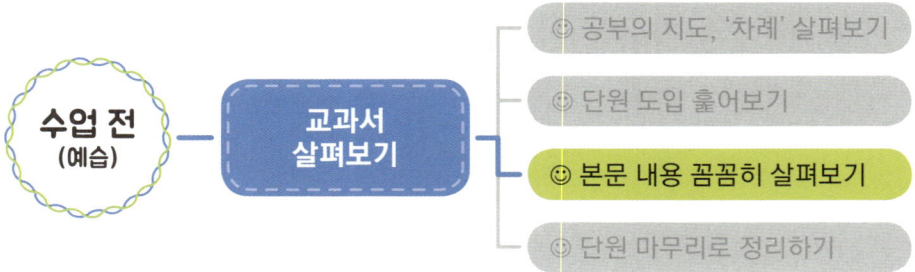

❖ 공부할 문제 확인하기

교과서의 본문에는 수업 시간 동안 반드시 알아야 하는 목표가 있습니다. 바로 본문의 첫 부분에 굵은 글씨 또는 글상자로 제시되는 공부할 문제입니다. 수업이 끝나고 나서 '오늘 무엇을 배웠니?'라는 질문의 답을 친구에게 설명할 수 있으면 '잘 공부한 것'이랍니다.

여러 교과서의 공부할 문제

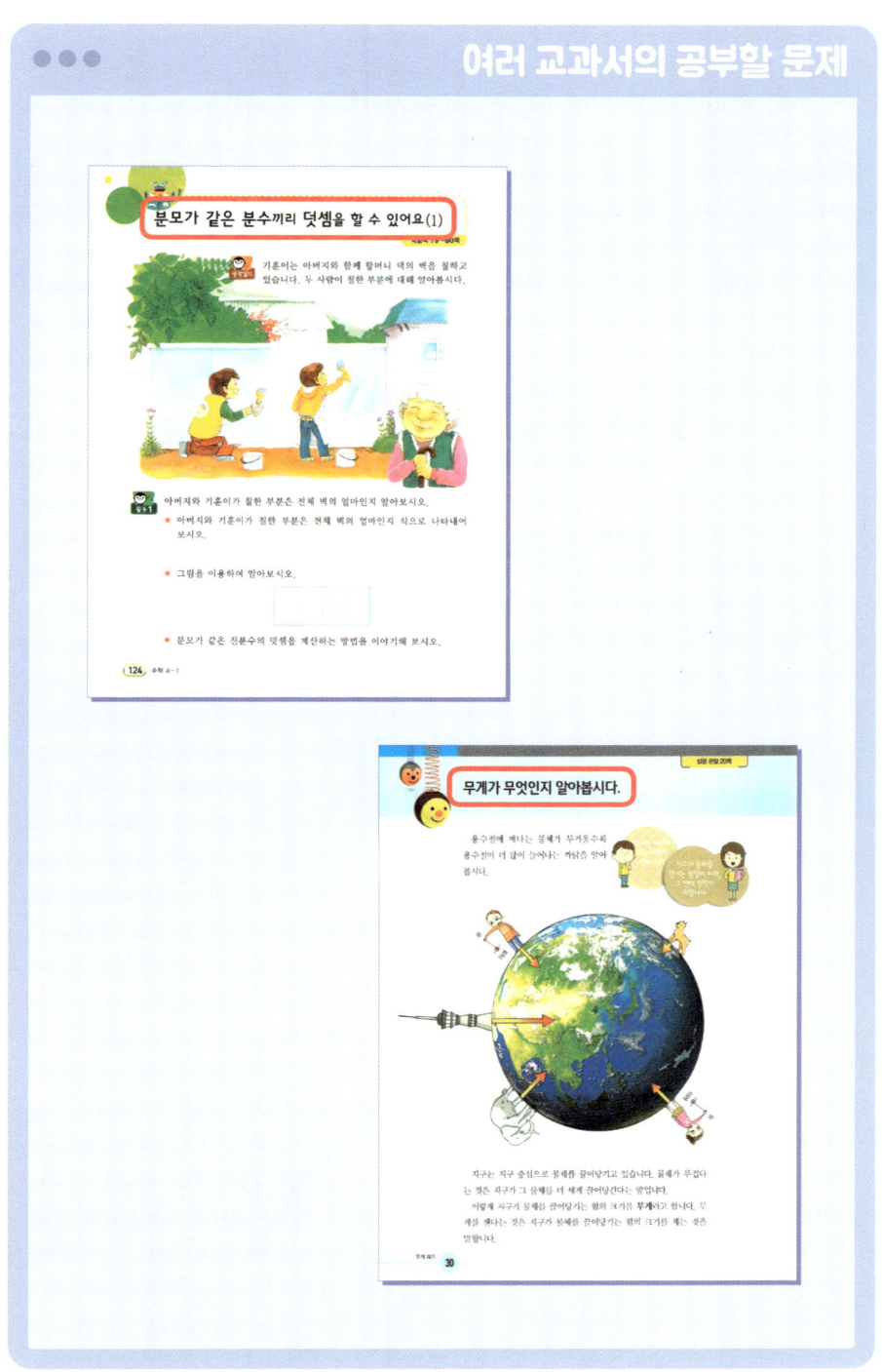

❖ 배운 내용 정리 살펴보기

　수업 시간 선생님과 공부한 내용을 교과서에 정리하는 활동은 매우 중요합니다. 알게 된 내용을 체계적으로 점검하면서 완전히 익히는 단계이기 때문이죠. 이 부분은 대개 수업 시간에 선생님과 함께 해결하며 나중에 공책 정리나 복습을 할 때 다시 살펴보면 많은 도움이 된답니다.

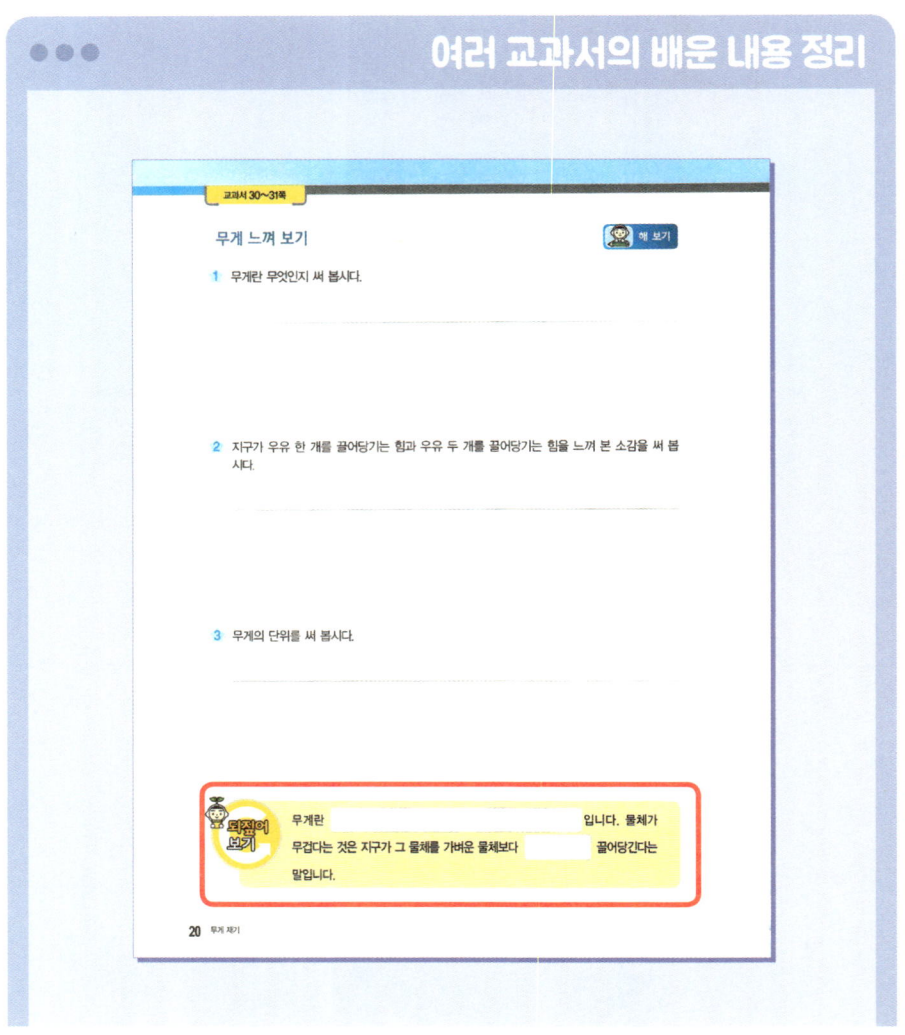

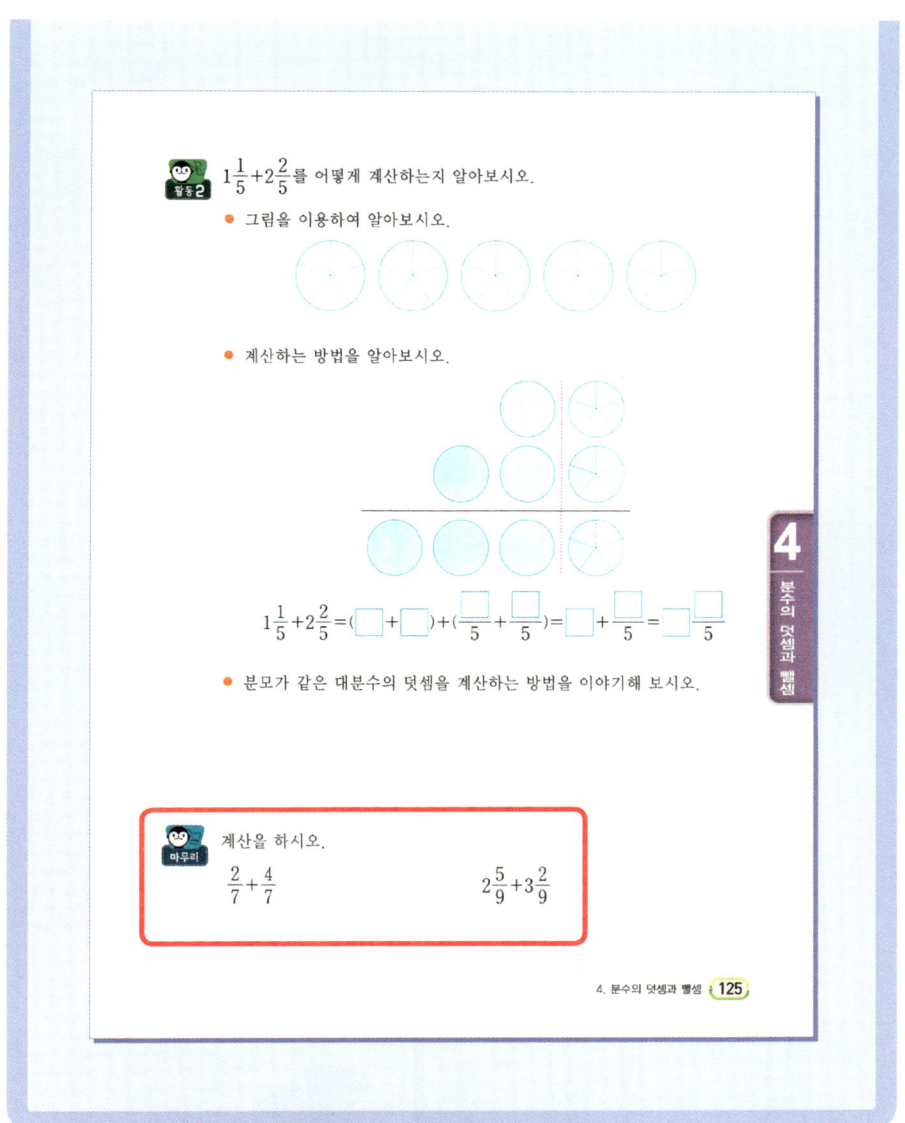

❖ 표, 사진, 그래프 확인하기

교과서에는 여러 사진과 표 그리고 그래프가 나와 있습니다. 대부분의 학생들이 이러한 것들이 나오면 대충 보고 넘어갑니다. 그러나 많은 내용을 효과적으로 전달해 주는 자료인 만큼 꼭 살펴보아야 합니다. 예를 들어 사회 과목은 중요한 정보를 표나 그래프로 나타내고 이것의 내용을 해석해서 중요한 정보를 찾아내는 활동이 많습니다. 만약 표나 그래프 또는 사진이 나왔다면 당황하지 말고 차분하게 생각해 보고 알게 된 내용을 정리하는 것 잊지 마세요!

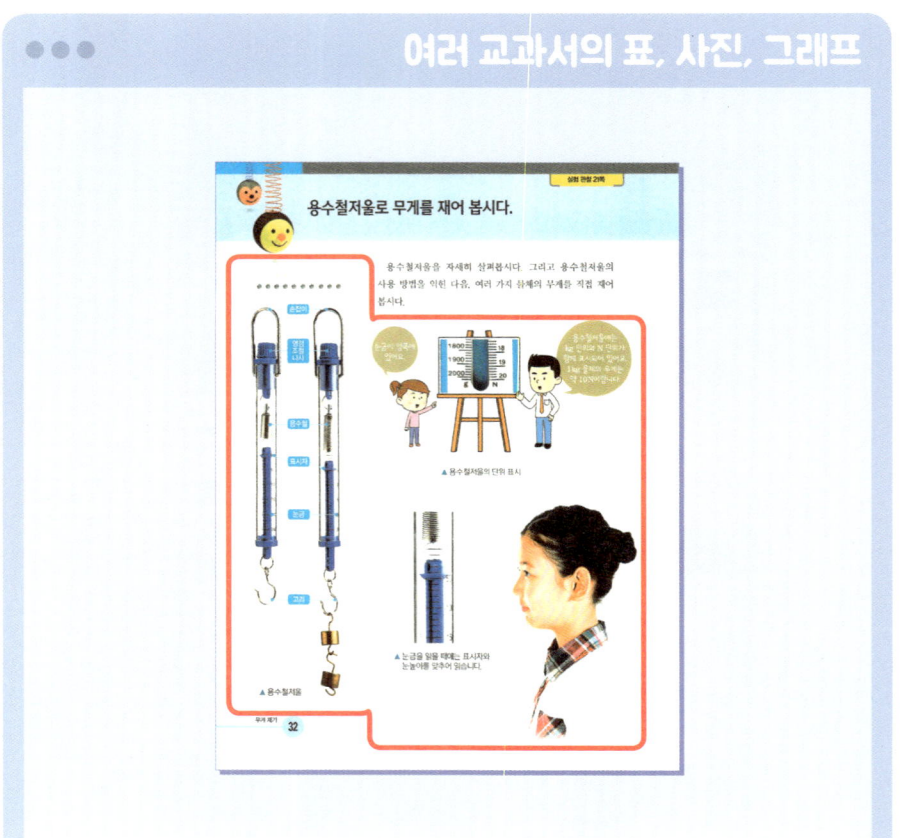

착한공부법

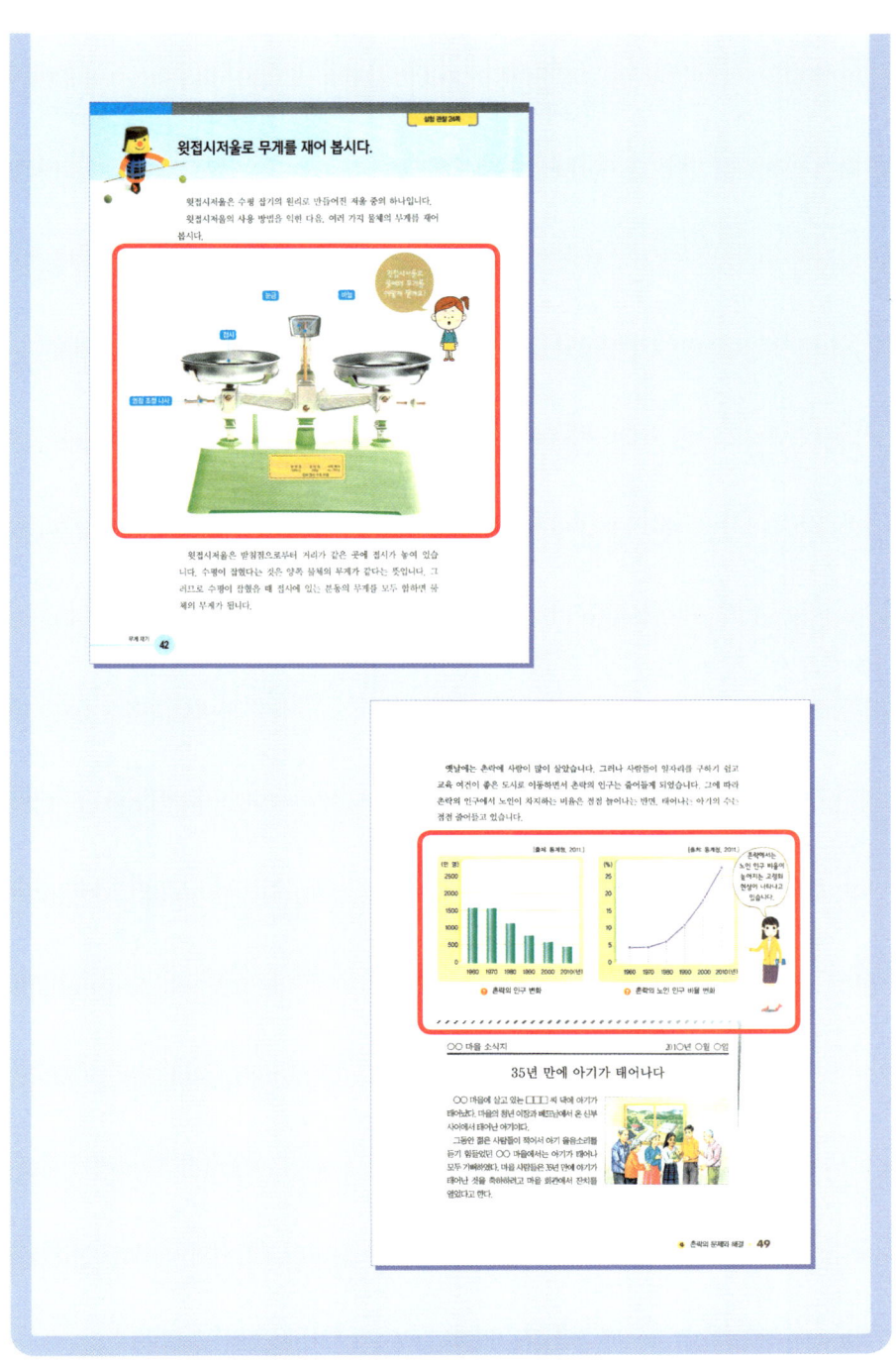

3교시 ✶ 공부가 좋아지는 교과서

❖ **핵심 요약 찾아내기**

교과서 본문에는 그날 배운 것 중 가장 중요한 내용을 반복해서 정리하거나 반드시 알아야 할 내용을 요약해서 제시하고 있는 곳이 있습니다. 따라서 공책을 정리하거나 복습할 때 반드시 잘 살펴봐야 합니다.

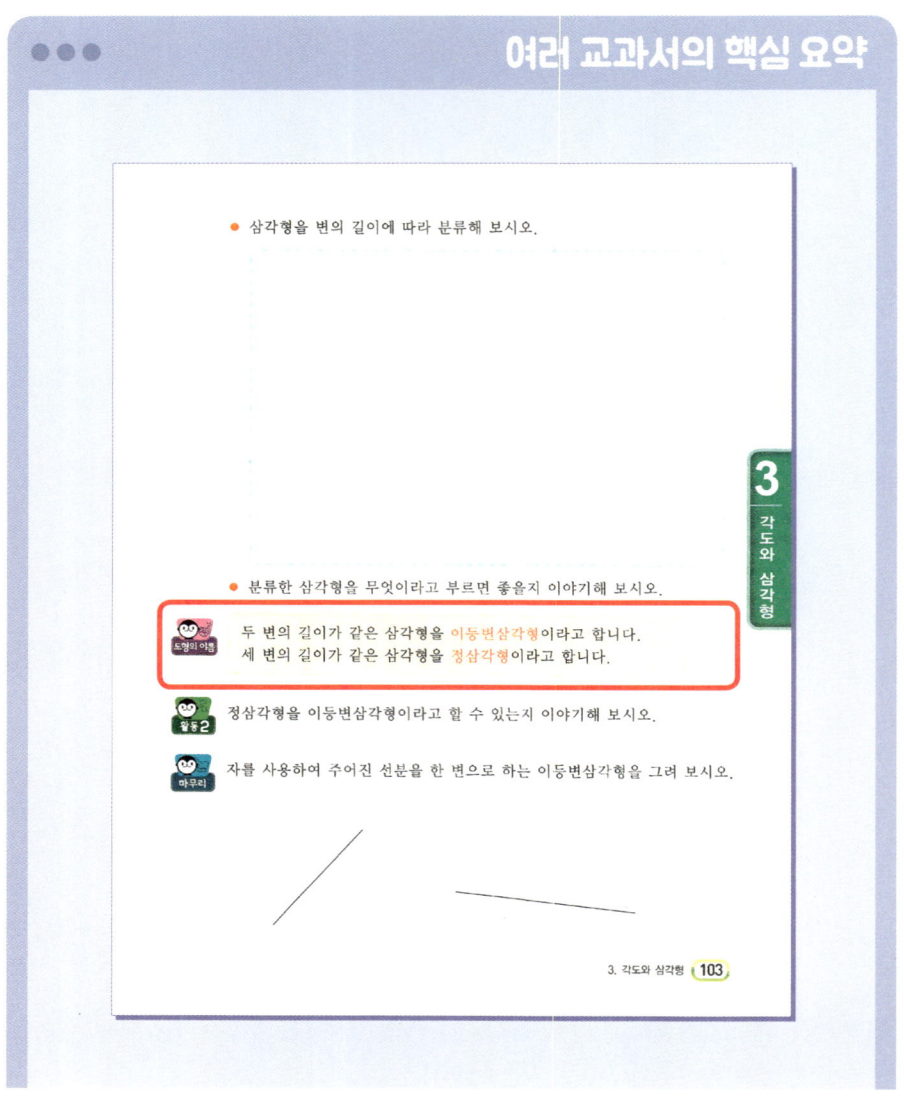

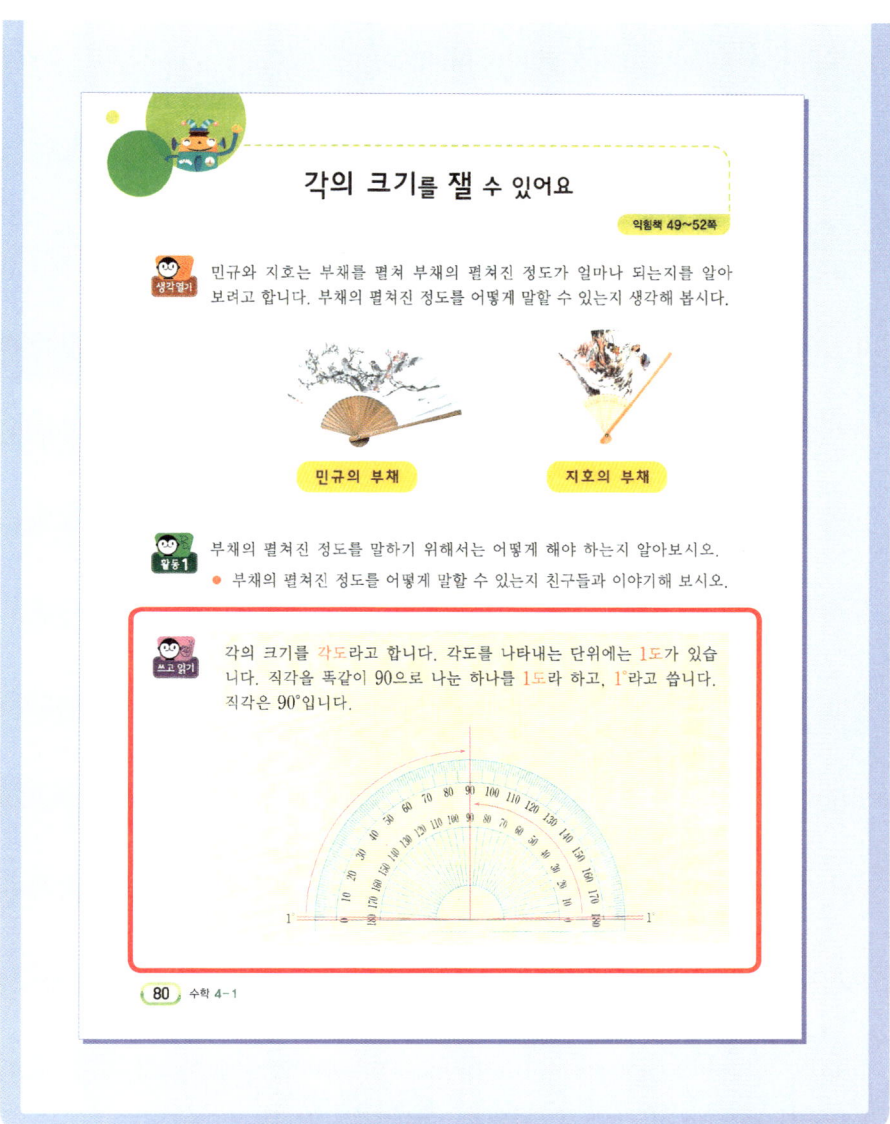

각의 크기를 잴 수 있어요

익힘책 49~52쪽

민규와 지호는 부채를 펼쳐 부채의 펼쳐진 정도가 얼마나 되는지를 알아보려고 합니다. 부채의 펼쳐진 정도를 어떻게 말할 수 있는지 생각해 봅시다.

민규의 부채   지호의 부채

부채의 펼쳐진 정도를 말하기 위해서는 어떻게 해야 하는지 알아보시오.
● 부채의 펼쳐진 정도를 어떻게 말할 수 있는지 친구들과 이야기해 보시오.

각의 크기를 각도라고 합니다. 각도를 나타내는 단위에는 1도가 있습니다. 직각을 똑같이 90으로 나눈 하나를 1도라 하고, 1°라고 씁니다. 직각은 90°입니다.

4 • 단원 마무리로 정리하기

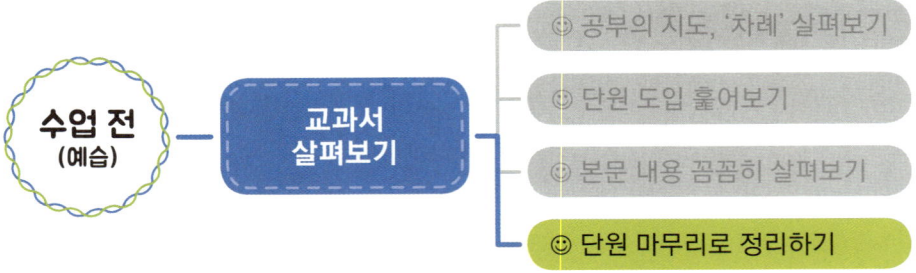

단원 마무리는 그동안 배운 내용을 정리하고 확인하는 내용이 담겨 있습니다. 단원 마무리는 본문 내용을 공부하고 나서 공책정리를 하거나 시험 대비를 할 때 반드시 확인해야 합니다.

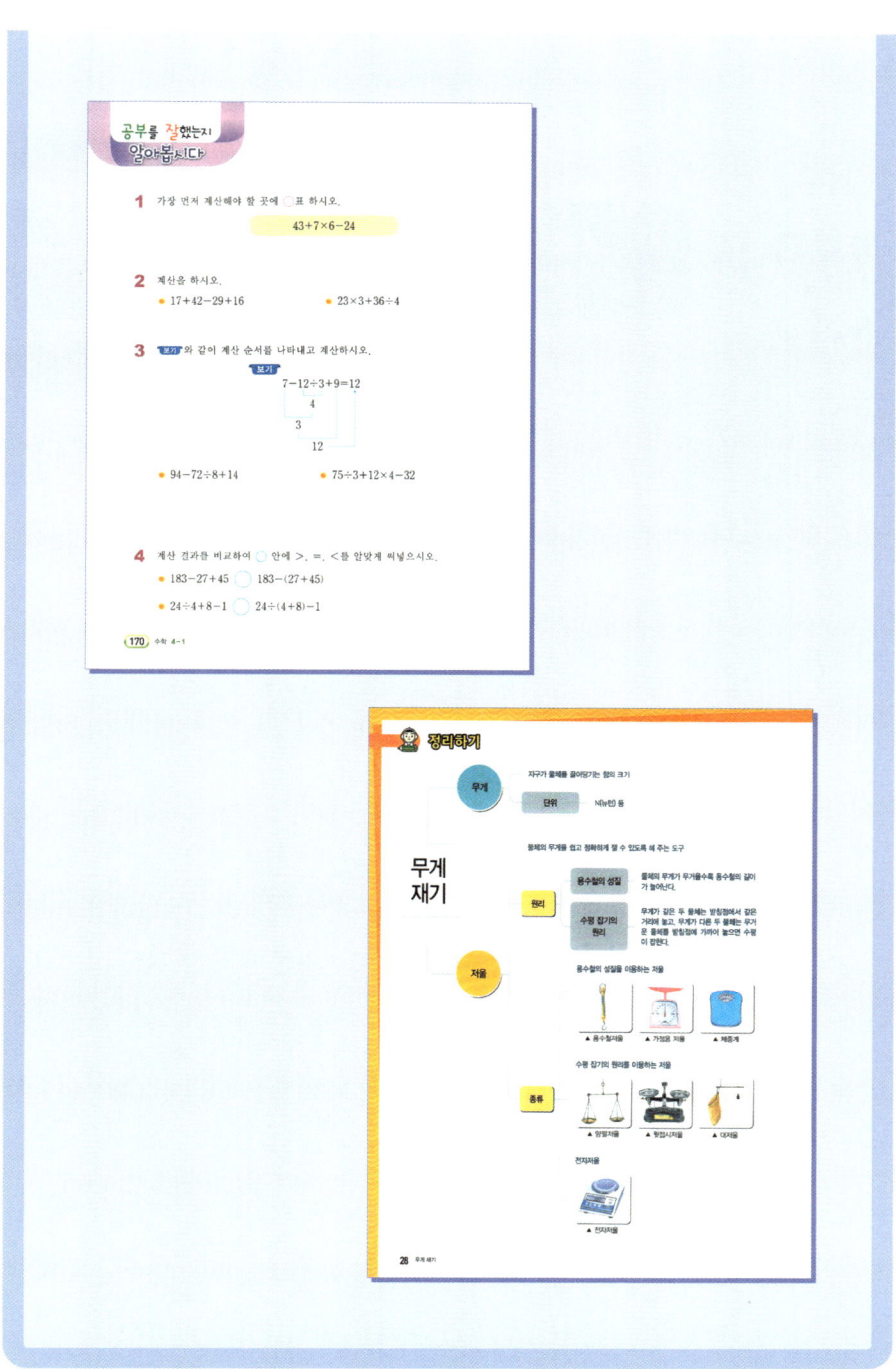

5 • 교과서 예습 따라하기

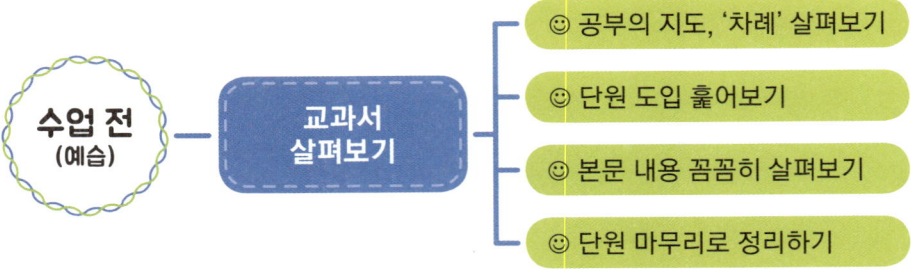

지금까지 교과서의 전체 구성을 한번 살펴보았습니다. 그동안 무심코 지나쳤던 교과서 속에 이렇게 많은 내용이 있다는 사실이 놀랍지 않았나요? 교과서의 구석구석을 살펴보았으니 교과서를 이용해 예습하는 방법을 알아봅시다.

❖ **교과서 문단 나누기**

막상 교과서로 예습하려고 해도 어떻게 해야 하는지 모르는 학생들이 많습니다. 물론 그냥 책을 읽는 것도 도움이 되겠지만 무작정 책만 읽는다면 뭐가 중요한지, 어떤 내용인지 잘 이해가 되지 않고 기억에도 잘 남지 않는답니다. 이럴 때는 '문단 나누기'를 해 보세요. 문단을 나누고 중요한 내용을 찾는 방법을 함께 알아봅시다.

교과서의 본문은 여러 문단으로 나누어지는데 각각의 문단에는 중심 문장이나 중심 낱말이 있습니다. 중심 문장이나 중심 낱말로 중요한 내용을 예습하고 나중에 공책정리할 때 활용할 수 있으니 이 방법을 꼭 기억하세요.

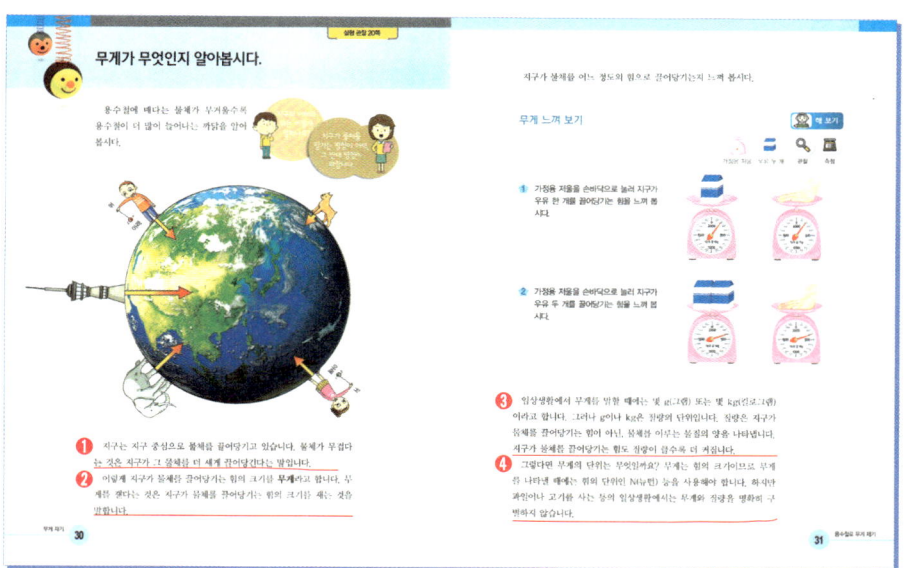

1 교과서의 내용을 읽기 전에 들여쓰기 된 부분을 찾아서 밑줄을 긋고 문단 앞에 번호를 쓰면서 문단을 나눕니다.

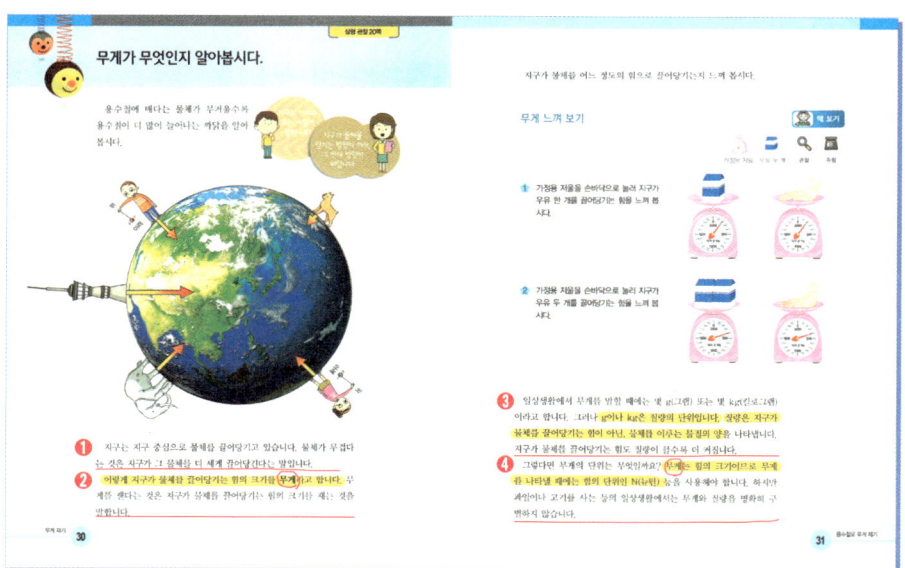

2 나누어진 문단을 읽고 가장 중요하다고 생각되는 문장을 찾아 형광펜으로 표시를 합니다. 이때 중요한 문장은 보통 문단의 맨 앞이나 맨 뒤에 있는 경우가 많답니다.

3교시 * 공부가 좋아지는 교과서

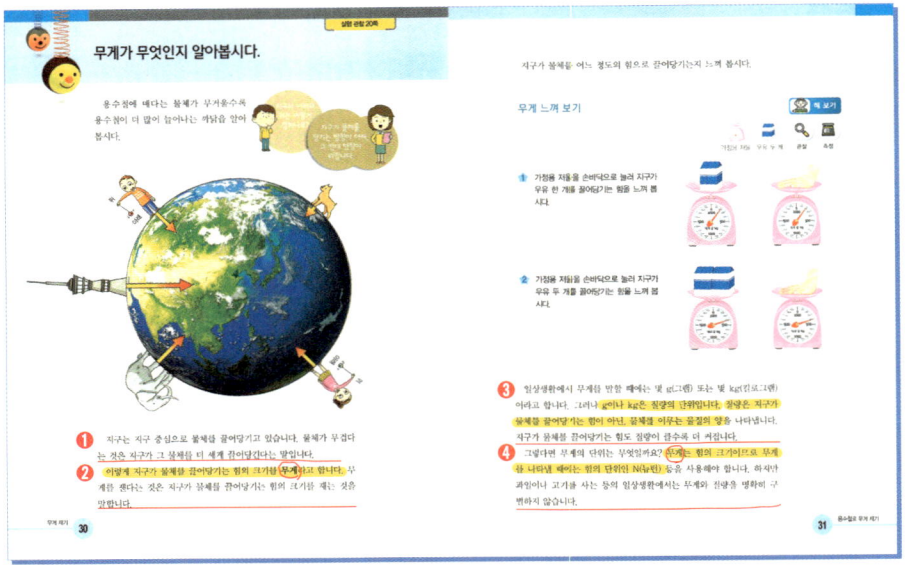

3 중요한 단어가 있다면
색 볼펜 등을 이용해서 표시하세요.

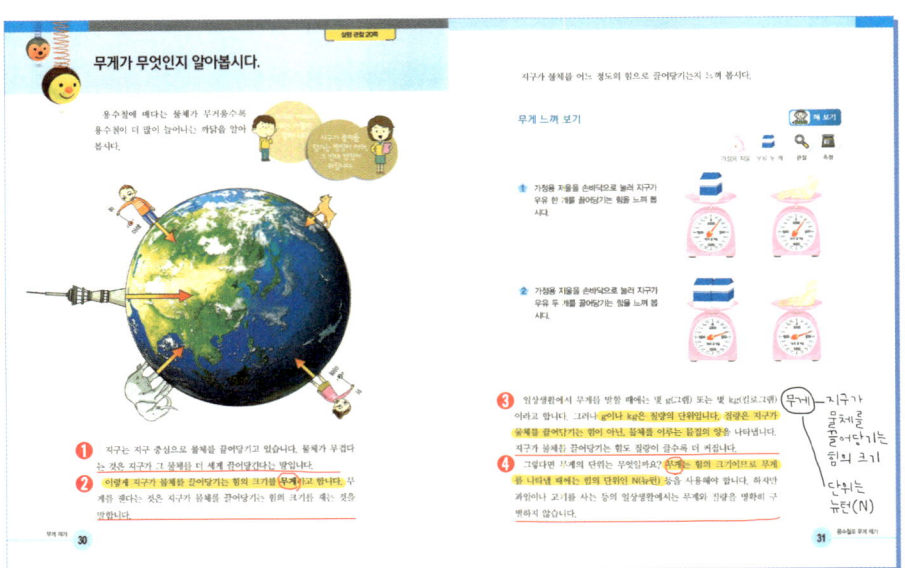

4 문단별로 중요한 문장과 단어를 찾았다면 교과서의 여백에
마인드맵이나 다양한 방법으로 정리해도 좋습니다.

04 수업 시간에 착한공부하기

1 • 적극적으로 수업 참여하기

적극적으로 수업에 참여하는 것은 '수업의 주인'이 되는 것입니다. 누가 시켜서 하는 것이 아닌 스스로 참여하는 수업이 착한공부랍니다. 착한공부 습관을 위한 적극적으로 수업에 참여하는 방법 세 가지를 지금부터 알아봅시다.

❖ **선생님과 눈 맞추기**

우리는 친구와 대화를 할 때 서로 눈을 맞추며 대화를 하곤 합니다. 수업도 선생님과 학생들 사이의 대화입니다. 적극적인 수업을 위해서는 선생님과 이야기하듯이 시선을 맞추고 고개도 끄덕이며 수업에 집중하고 있다는 것을 행동으로 표현해 봅시다. 선생님은 이러한 학생을 수업에 열심히 참여하고 있다고 생각합니다.

❖ 모르는 내용 질문하기

수업을 듣다 보면 가끔씩 이해가 되지 않는 대목이 있기 마련입니다. 이때 질문을 하여 완벽히 이해하고 넘어가는 것이 좋습니다. 만약 수업 시간에 질문하기 어렵다면, 질문할 내용을 교과서 비어 있는 부분에 적어 두었다가 수업을 마치고 선생님을 찾아가 질문할 수도 있습니다.

❖ 발표하기

수업 시간 40분 동안 가만히 앉아있으면 졸리기도 하고 다른 생각이 나서 수업에 집중하지 못할 때가 많습니다. 수업에 적극적으로 참여하는 방법 세 번째는 바로 내 생각을 발표해 보는 것입니다. 발표를 너무 어렵게만 생각하지 말고 내가 알고 있는 것부터 자신 있게 발표해 봅시다.

문제집! 어디까지 풀어 봤니?

학기 초 또는 시험 기간이 다가오면 문제집을 사게 됩니다. 요즘 문제집들은 표지부터 알록달록, 예쁜 캐릭터들이 '제발 나를 골라줘~' 하면서 유혹하고, 펼쳐 보면 나도 공부를 잘할 수 있을 것 같은 마음이 듭니다.

맞습니다. 문제집에 나온 대로 열심히 실천하면 여러분의 실력도 향상이 될 것입니다. 하지만 처음에는 불타는 의지로 열심히 풀다가 '아직 시험 기간도 아닌데, 뭐.' 하며 문제집을 점점 멀리하게 되고 시험이 코앞에 다가올 때쯤 문제집을 펼쳐서 풀기 시작합니다. 그리고 시험이 끝나면 다시 그 문제집은 책상 한구석에 꽂히게 됩니다.

문제집은 시험공부에도 필요하지만 여러분들이 교과서의 내용을 얼마만큼 알고 있는지를 스스로 평가하기 위한 목적도 있습니다. 교과서는 시험 범위 이후의 마지막까지 모두 중요합니다. 그러니 문제집을 사면 반드시 끝까지 문제를 푸는 습관을 들이세요.

4교시

―

공부가 좋아지는 공책정리

01

복습, 공책정리로 나만의 요점 정리하기

시험 기간이 되면 많은 학생들이 교과서의 핵심이 요약정리된 것을 찾습니다. 교과서의 내용을 전부 읽기에는 시간이 부족하고 교과서의 내용을 요약하기도 어려울 뿐더러 사실 뭐가 중요한지 잘 모르기 때문이죠.

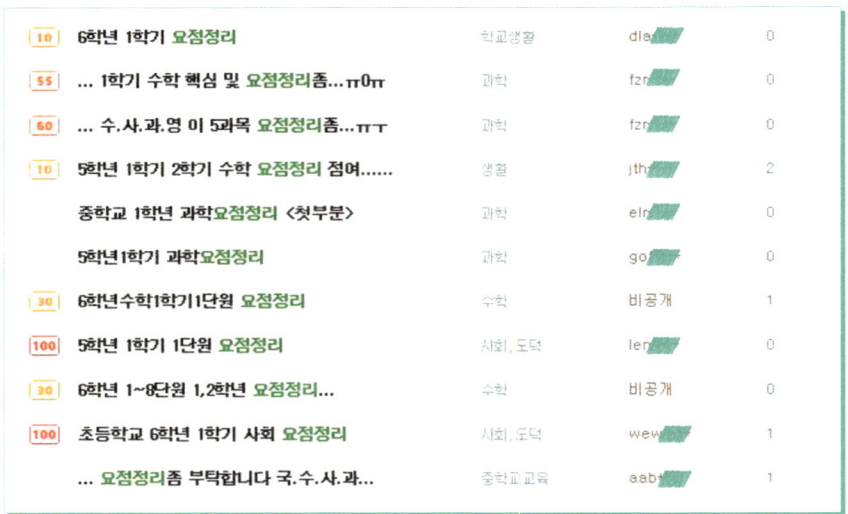

아마 여러분들도 시험 기간이 얼마 남지 않아 문제집이나 참고서의 요점 정리를 달달 외워서 시험을 보았던 경험이 있을 것입니다. 그런데 이렇게 공부를 하고 시험을 보고 나면 얼마 지나지 않아 공부했던 것들이 가물가물해집니다. 힘들게 공부했는데 정작 머릿속에 남는 것이 없는 공부, 이런 공부가 바로 나쁜 공부랍니다.

그렇다면 착한공부를 하려면 어떻게 해야 할까요?

바로 교과서를 활용해 예습하고 수업 시간에 배운 내용을 바탕으로 공책정리, 그리고 공책에 정리한 내용을 복습하는 습관이 착한공부랍니다.

1 • 공책정리가 중요한 이유

교과서가 착한공부의 시작이라면 공책정리는 완성이라고 할 수 있습니다. 공책정리가 중요한 이유를 세 가지로 살펴볼 수 있습니다.

❶ 공책정리를 하면 복습할 때 큰 도움이 됩니다

독일의 심리학자 헤르만 에빙하우스에 따르면 학습한 뒤에 사람은 시간이 지날수록 배운 내용을 잊어버리기 시작하는데 이때 주기적으로 복습을 하면 기억되는 양이 점차 늘고 나중에는 거의 100%에 이를 수 있다고 합니다.

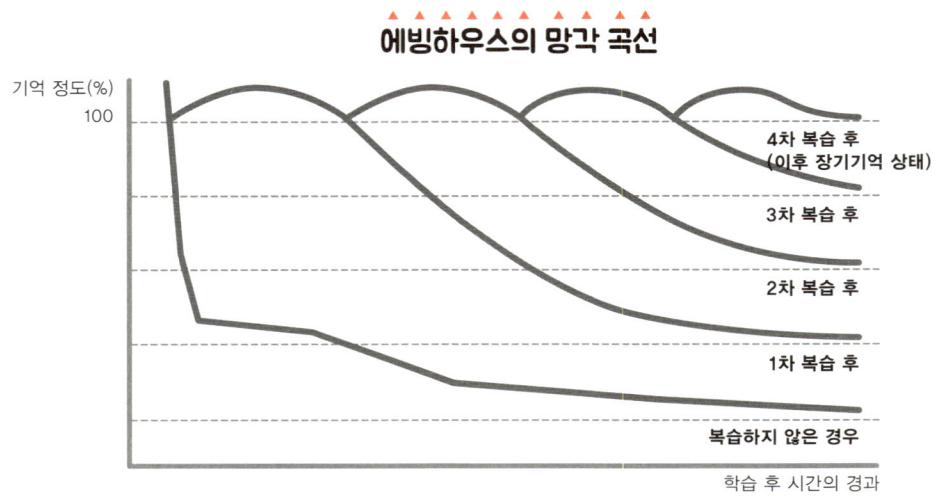

우리의 뇌는 컴퓨터와 같이 많은 내용을 단번에 기억할 수 없습니다. 수업 시간에 선생님의 설명을 듣고 모두 기억할 수 있는 사람은 거의 없기 때문에 배운 내용을 오랫동안 기억하기 위해서는 복습해야 하고 복습을 위해 공책을 정리해 두면 큰 효과를 볼 수 있는 것이죠.

❷ 공책정리를 하면 수업 시간에 집중하게 됩니다

> 공부가 안되여!!!!!!!! | 고민있어요!!
> 열심~~
> 안녕하세요 저는 5학년인데 사회공부가 되지않아요
> 글구 학교수업시간에 집중이 잘않되여 도와주세요

많은 친구들이 수업 시간에 집중을 하지 못합니다. 집중하지 못하는 가장 큰 이유는 수업 시간 40분 동안 계속해서 가만히 앉아 듣기만 하기 때문입니다. 공책정리를 할 때에는 교과서의 내용을 잘 정리하는 것도 중요하지만 수업 시간에 들은 선생님의 설명, 수업 시간에 했던 질문, 내가 예습을 하면서 생각했던 내용 등 다양한 것들을 담는 것이 좋습니다. 이런 것들을 공책에 적기 위해서는 당연히 수업 시간에 잘 들어야 하므로 자연스레 집중하는데 큰 도움이 됩니다.

❸ 공책정리를 하면 수업 내용을 잘 이해할 수 있습니다.

다른 사람이 한 요점 정리는 내가 한 것 아니라서 무엇이 왜 중요한지 모르고 무심코 보게 됩니다. 그런데 내가 직접 공책에 정리한 것은 수업 시간에 들은 중요한 것의 기록이라, 정리된 것을 보면 수업 내용이 잘 기억나고 이해도 쉽게 됩니다. 또 왜 중요한지 알고 공부할 수 있게 되므로 공부의 즐거움도 알게 됩니다.

2 • 공책 이렇게 만들어요

많은 학생들이 공부한 내용을 잘 정리하기 위한 방법으로 '코넬식 공책정리법'을 사용합니다. 이 방법은 미국 코넬대학교에서 개발한 방법으로 예습과 복습을 효과적으로 할 수 있습니다.

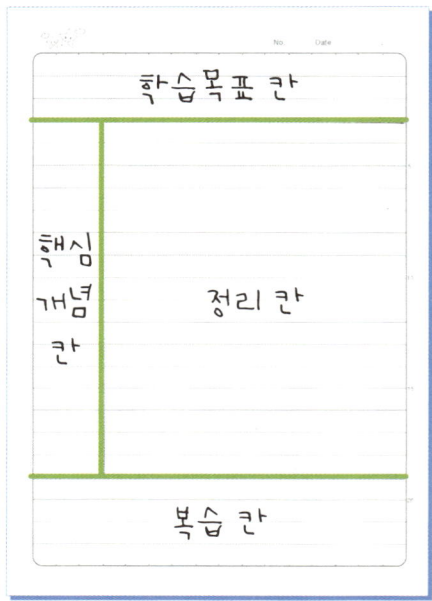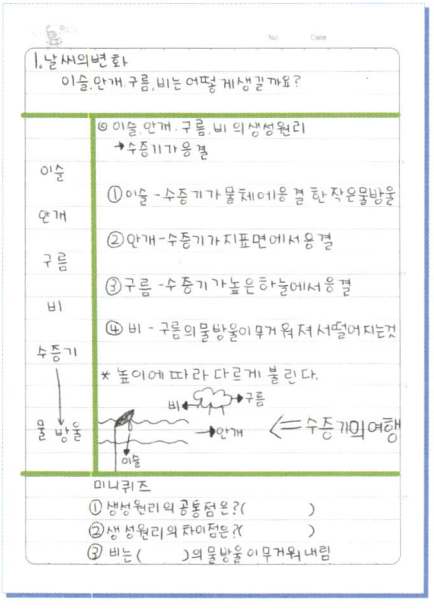

코넬식 공책정리법은 크게 '학습목표, 핵심개념, 정리, 복습' 칸으로 나누어집니다.

❖ **코넬식 공책 양식 만들기**

코넬식 공책을 만들어 봅시다.

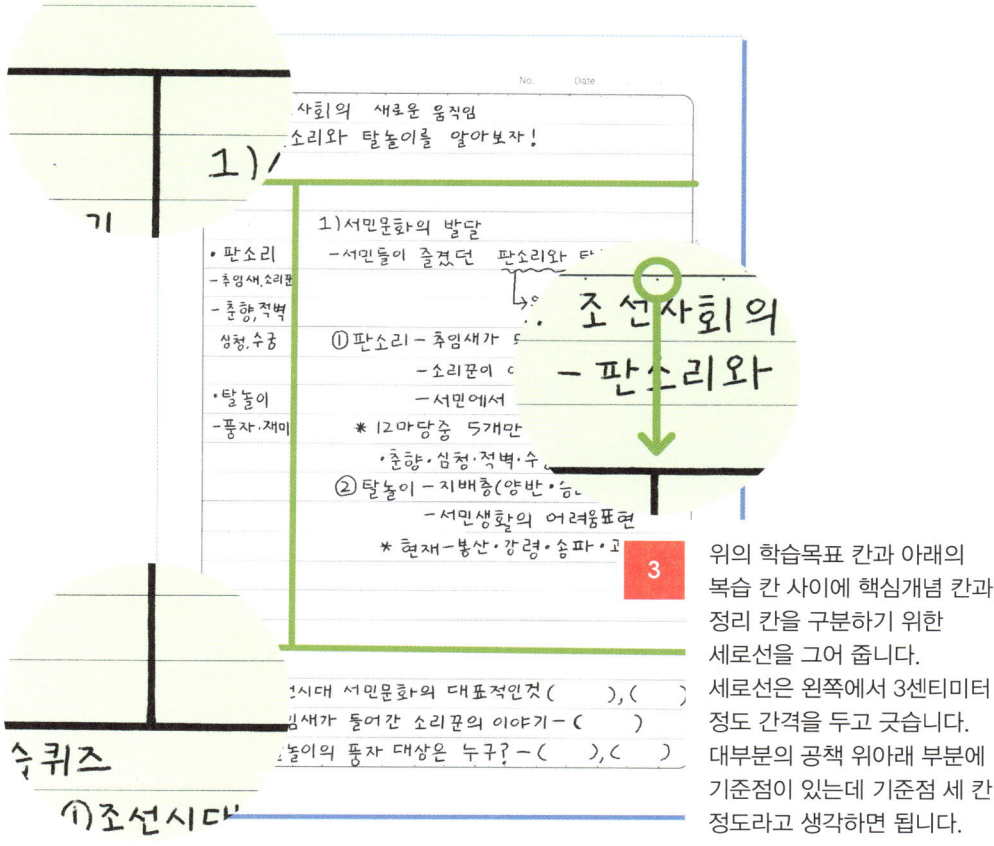

1 공책 윗부분부터 셋째 줄 정도 위치에서 가로선을 그어 학습목표 칸을 만듭니다.

3 위의 학습목표 칸과 아래의 복습 칸 사이에 핵심개념 칸과 정리 칸을 구분하기 위한 세로선을 그어 줍니다. 세로선은 왼쪽에서 3센티미터 정도 간격을 두고 긋습니다. 대부분의 공책 위아래 부분에 기준점이 있는데 기준점 세 칸 정도라고 생각하면 됩니다.

2 밑에서 넷째 줄 정도에서 가로선을 그어 복습 칸을 만듭니다.

❖ **학습목표 칸 채우기**

학습목표 칸은 교과서를 보면서 단원명과 공부할 문제를 적는 부분입니다.

우선 첫 번째 줄은 '대단원', 두 번째 줄에는 '소단원'을 적습니다.

단원은 대단원과 여러 개의 소단원으로 이루어져 있습니다. 단원명을 적으면 내가 어디를 공부하고 있는지 흐름을 보다 쉽게 파악할 수 있습니다.

세 번째 줄에는 '공부할 문제'를 적도록 합니다. 공부할 문제는 교과서에서 그 시간에 배운 내용 제일 앞부분에 제시되어 있습니다.

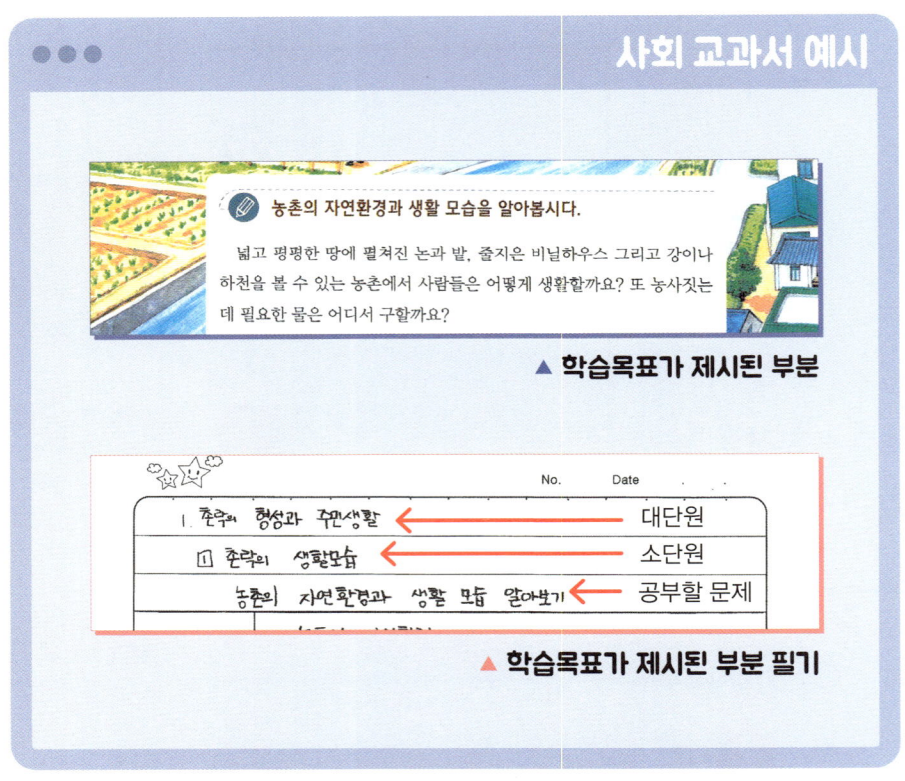

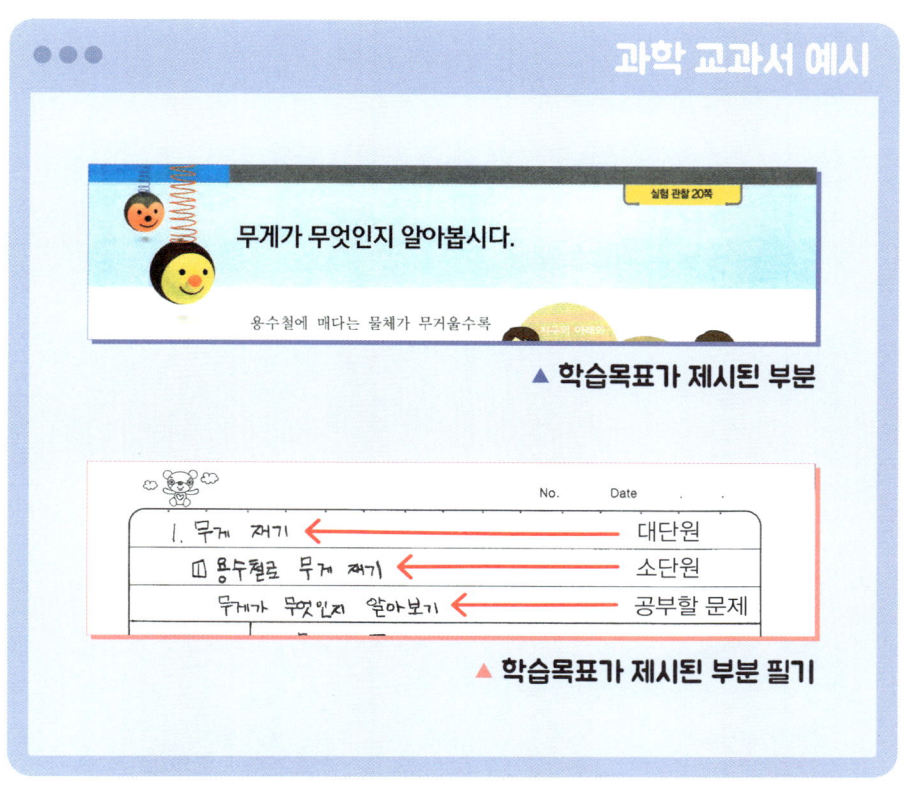

▲ 학습목표가 제시된 부분

▲ 학습목표가 제시된 부분 필기

하나씩 따라하니 쉽네요!

4교시 * 공부가 좋아지는 공책정리

❖ **정리 칸 채우기**

학습목표 칸 다음으로 정리 칸은 수업을 듣고 나서 적거나 또는 수업을 들으면서 작성하는 부분입니다. 교과서를 보면서 문단을 나누고 중심문장을 찾아 연관된 것끼리 정리해 줍니다. 수업 중 선생님의 설명에서 강조되는 부분도 정리를 합니다. 정리 칸을 작성할 때는 문장 전체를 그대로 옮기지 말고 중요한 부분만 요약해서 적도록 합시다.

▼ 교과서 정리할 내용

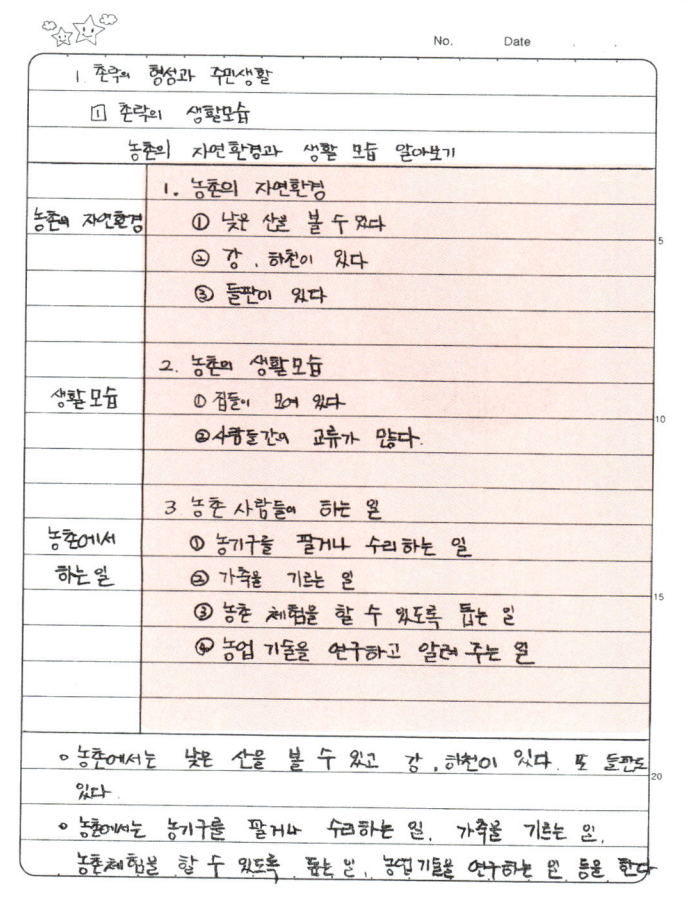

과학 교과서 예시

▶▼ **교과서 정리할 내용**

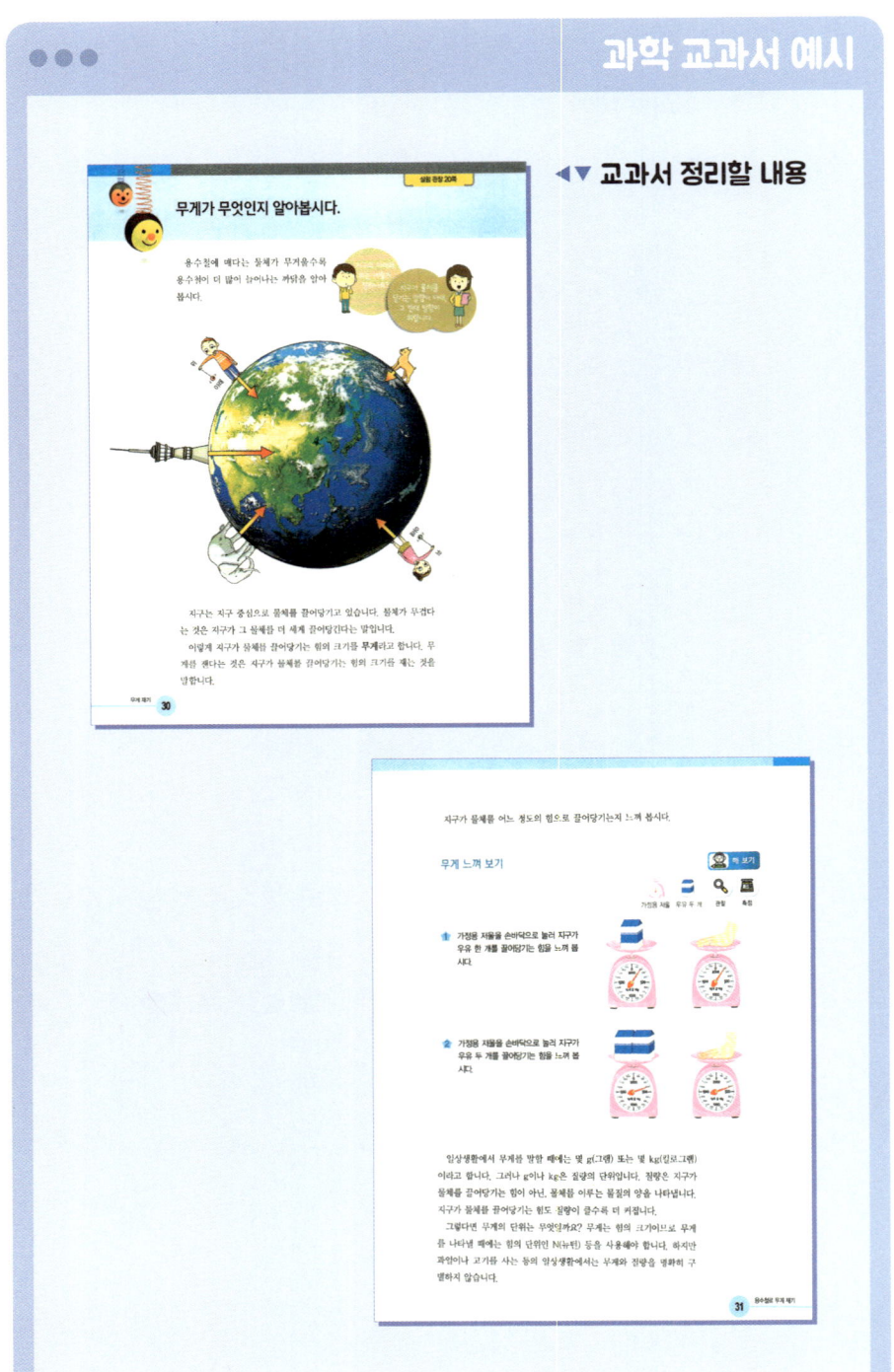

▼ 교과서 정리할 내용

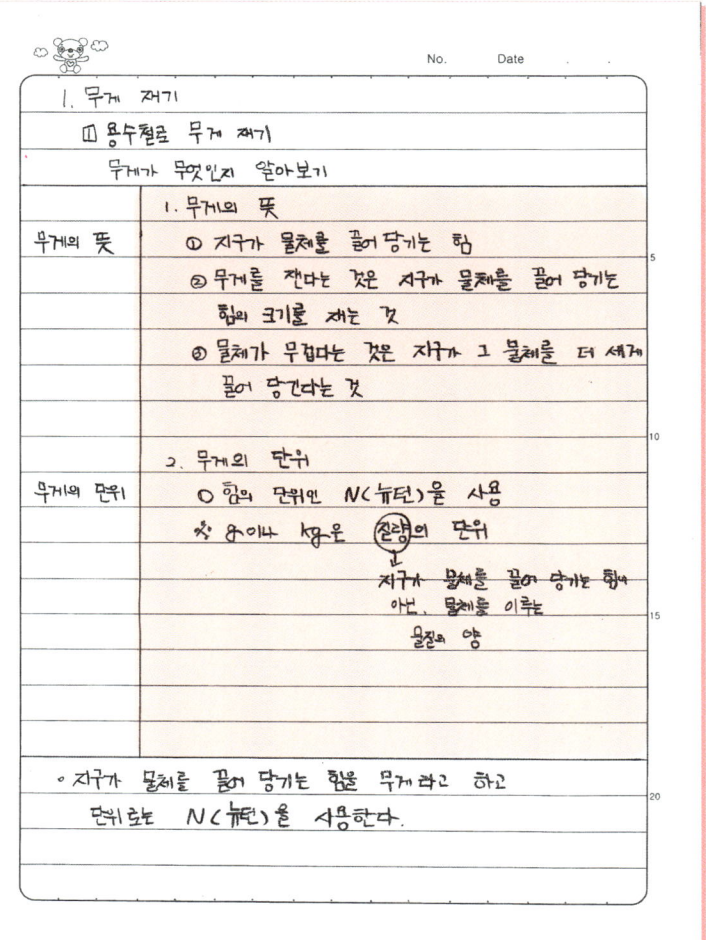

❖ **핵심개념 칸 채우기**

'핵심개념' 칸에는 정리 칸에 적은 내용 중에 핵심 단어를 찾아 적어 줍니다. 복습을 할 때에는 정리 칸의 내용을 가리고 핵심개념 칸의 단어만 보고 정리 칸의 내용을 설명해 보세요.

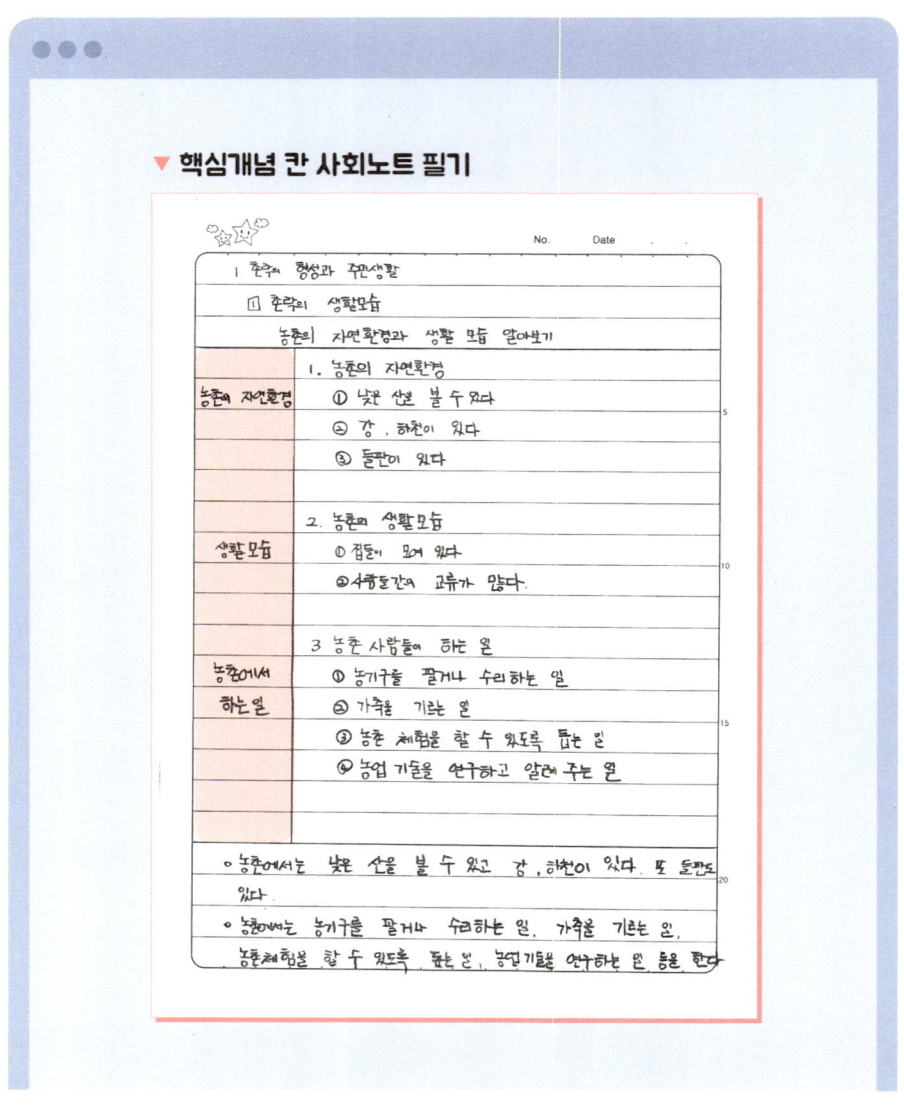

▼ 핵심개념 칸 과학노트 필기

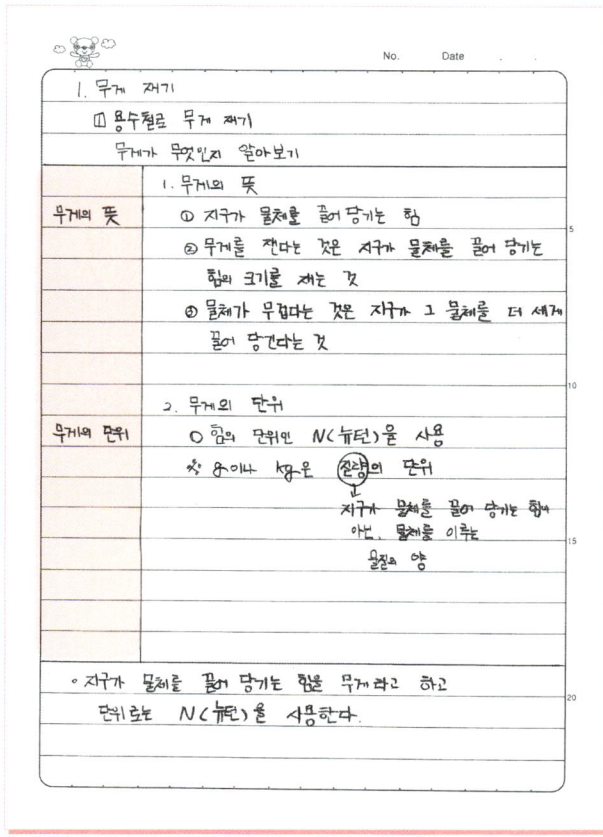

❖ **복습 칸 채우기**

복습 칸은 정리 칸과 핵심개념 칸의 내용을 다시 한 번 생각해 보면서 전체 내용을 한두 문장 정도로 요약해서 적는 부분입니다. 공부한 내용을 정리하고 나서 1주일, 1달 후 등 자신에게 맞는 복습 시간에 맞춰 복습하고 그 날짜를 적어 두면 규칙적인 복습 습관을 키울 수 있습니다. 꼭 실천해 보세요.

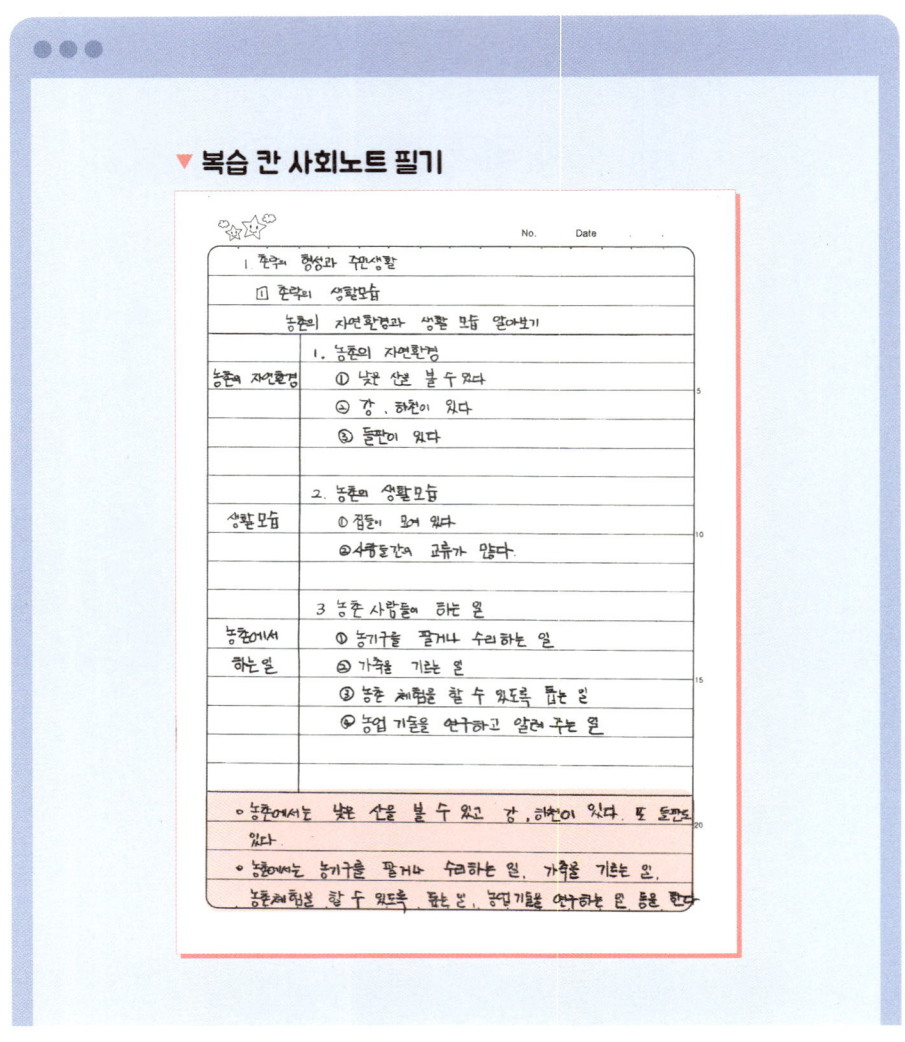

▼ 복습 칸 과학노트 필기

	No. Date
1. 무게 재기	
① 용수철로 무게 재기	
무게가 무엇인지 알아보기	
	1. 무게의 뜻
무게의 뜻	① 지구가 물체를 끌어당기는 힘
	② 무게를 잰다는 것은 지구가 물체를 끌어당기는 힘의 크기를 재는 것
	③ 물체가 무겁다는 것은 지구가 그 물체를 더 세게 끌어당긴다는 것
	2. 무게의 단위
무게의 단위	○ 힘의 단위인 N(뉴턴)을 사용
	✗ g이나 kg은 질량의 단위
	지구가 물체를 끌어당기는 힘이 아닌, 물체를 이루는 물질의 양

• 지구가 물체를 끌어당기는 힘을 무게라고 하고 단위로는 N(뉴턴)을 사용한다.

3 • 공책정리 따라하기

❖ 번호 붙이기와 들여쓰기로 한눈에 보이는 공책정리

공책정리법을 배웠으니 공책에 배운 내용을 어떻게 정리할지를 알아봅시다.

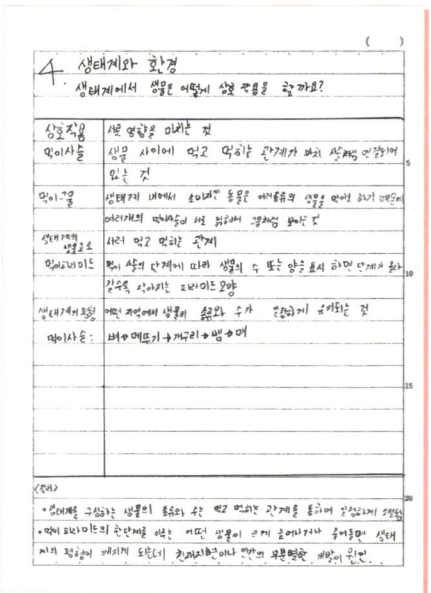 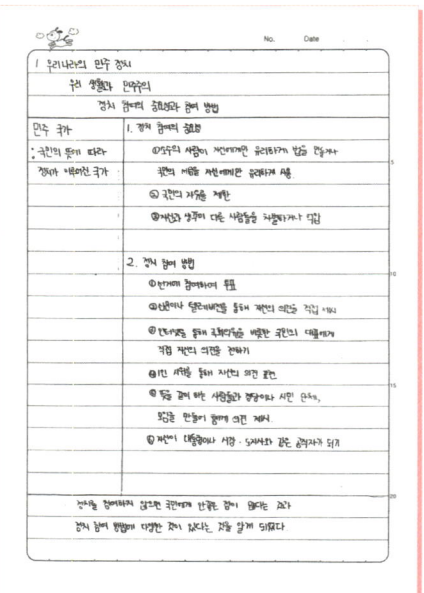

두 학생의 공책 중 어느 쪽이 정리를 잘했을까요?

맞습니다. 오른쪽 학생이 정리한 공책이 한눈에 알아보기 쉽게 잘 정리되어 있습니다. 이처럼 번호를 매기고 들여쓰기를 하면 내용을 쉽게 알아볼 수 있게 정리할 수 있습니다.

번호와 들여쓰기는 아래 그림처럼 할 수 있습니다.

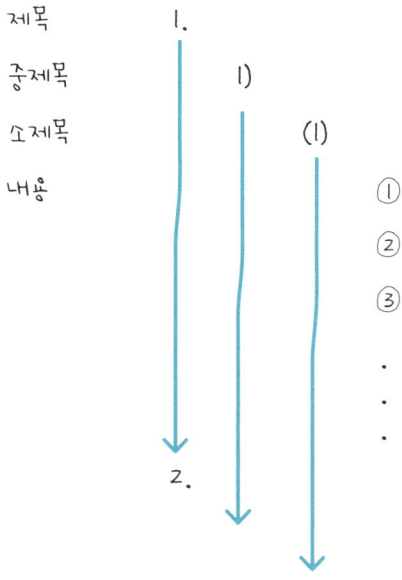

'1…'은 정리한 내용의 제목을 적을 때 사용하고 제목보다 하위 제목이 있다면 '1)…', 하위 제목 아래 또 다른 하위 제목이 있다면 '(1)…'을 붙이고 정리한 내용은 '①, ②…'를 사용해서 정리하면 된답니다. 만약 가장 큰 제목의 하위 제목이 없다면 중제목과 소제목은 생략하고 제목 다음에 내용을 정리하세요.

제목에 맞게 내용을 정리할 때는 들여쓰기 또한 빼놓지 말아야 합니다. 내용을 제목보다 들여 쓰고 화살표처럼 줄을 맞추면 알아보기가 쉽습니다.

02

마인드맵 공책 만들기

1 • 마인드맵 vs 설명글

마인드맵을 공책정리에 적용해 볼까요? 샌드위치와 관련된 글을 마인드맵과 설명글로 정리한 것을 보면서 살펴봅시다.

* 마인드맵

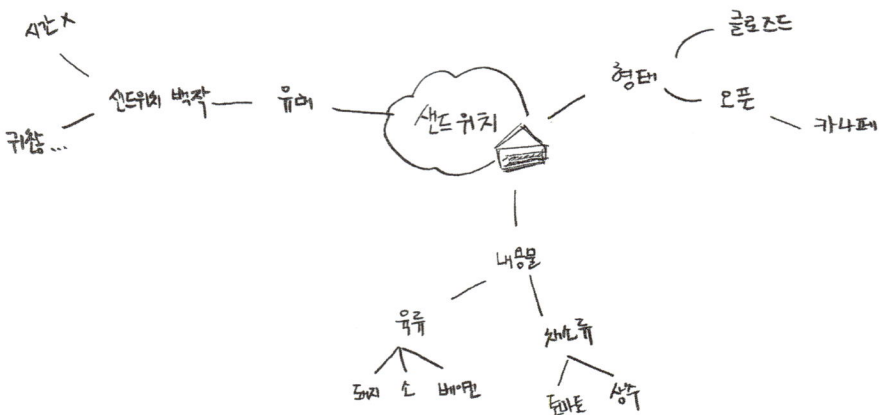

* **설명글**   샌드위치의 유래는 18세기 후반 영국의 샌드위치 백작의 이름에서 비롯되었다는 이야기가 있다. 샌드위치 백작은 트럼프 게임을 좋아했고 식사를 하면서도 게임을 할 정도였다. 게임과 식사를 같이 하고 싶었던 샌드위치 백작은 하인을 시켜 고기와 채소, 빵 등을 한번에 포개어 먹을 수 있도록 주문했다고 한다.

샌드위치의 종류는 모양에 따라 구분하는 데, 크게 '오픈 샌드위치'와 '클로즈드 샌드위치'로 나눈다. 오픈 샌드위치는 빵 위에 고기와 채소를 올리고 다른 빵을 덮지 않는다. 이런 샌드위치를 '카나페(canape)'라고 부르기도 한다. 클로즈드 샌드위치는 오픈 샌드위치에 빵을 덮은 것이라고 생각하면 된다. 우리가 흔히 먹는 샌드위치는 대부분 클로즈드 샌드위치다.

샌드위치의 내용물은 그 용도에 따라 다르게 만드는 데 고기를 넣는 경우 쇠고기, 닭고기, 돼지고기 등을 넣기도 하고 어패류는 새우나 정어리 등도 넣는다. 채소는 더 다양해서 토마토, 오이, 상추, 감자 등 다양하게 넣는다. 간단하게 먹을 경우에는 과일이나 잼 등을 넣어 먹기도 한다.

어느 쪽이 눈에 잘 들어오나요?

"마인드맵이요!"

맞습니다! 설명글보다 마인드맵이 낫지요?
이처럼 마인드맵은 학습 내용 중 핵심 단어만을 간단히 보여 주어 내용을 더 쉽게 이해하도록 해 줍니다. 따라서 수업 시간에 배운 내용을 간단히 교과서나 공책에 마인드맵을 활용해서 나타내면 학습 내용을 쉽게 정리할 수 있습니다.

▼ **마인드맵 예시 자료**

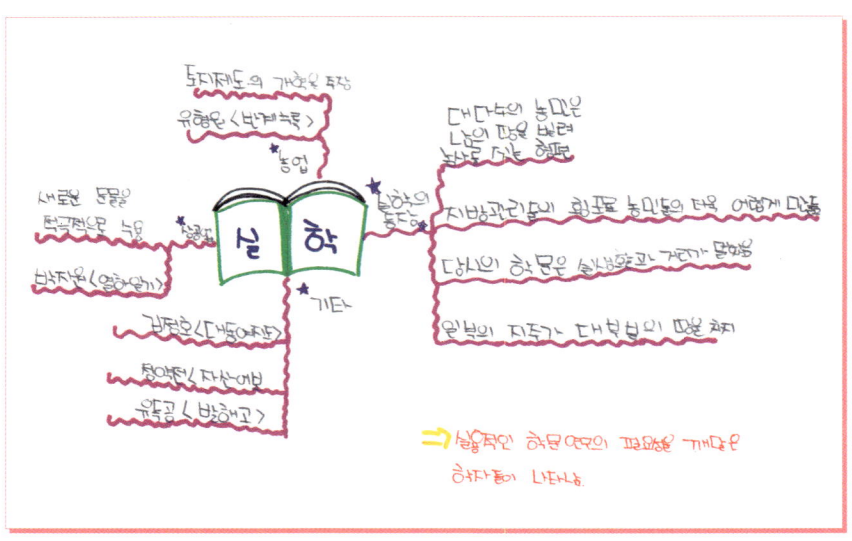

이뿐만 아니라 마인드맵은 수업 시간에 배운 내용들을 전체적으로 나타낼 때도 사용할 수 있습니다. 3교시 내용 중 차례 부분에서 예로 들었던 퍼즐 맞추기를 쉽게 하려면 전체 그림을 보아야 한다는 이야기를 기억하고 있나요? 퍼즐 조각 맞추는 것처럼 배운 내용을 정리할 때도 매시간 공부한 내용을 다른 내용과 함께 연관 지어 살피면 전반적인 흐름을 이해할 수 있고 공부하는 데 도움이 됩니다. 이때 사용할 수 있는 방법이 마인드맵인 것이죠.

마인드맵은 학습한 내용을 마음속에 지도를 그리듯이 정리해 가는 방법으로, 코넬식 공책정리법과 함께 활용하면 효과를 더 높일 수 있습니다.

2 • 마인드맵 정리법

그럼 지금부터 마인드맵으로 공부한 내용을 정리하는 방법을 알아볼까요?

✴ 설명글   피자의 유래는 확실하지는 않지만 '동그랗고 납작한 빵'을 의미하는 그리스어 'pitta'에서 유래되었다는 이야기와 영어 단어인 'a point'에서 유래되었다는 이야기가 있다. 지금의 피자는 중세 이탈리아의 토마토가 들어간 나폴리탄 파이가 그 기원이라고 한다.

피자를 만들 때는 먼저, 밀가루 반죽에 이스트를 넣어 부풀린 뒤 넓고 둥글게 밑면을 펼치고 그 위에 각종 재료를 얹는다. 이때 토마토 소스, 올리브, 버섯, 베이컨 등 재료에 따라 피자의 종류가 달라진다. 그리고 마지막으로 모짜렐라 등 다양한 치즈를 뿌리고 오븐에서 200도의 온도로 15분 내지는 30분 동안 굽는다.

피자의 종류는 세 가지로 나누는 데 팬(pan) 피자, 신(thin) 피자, 스크린 피자로 나눈다. 팬 피자는 팬을 이용하여 굽는데 도우가 두꺼운 피자이다. 이와 반대로 신 피자는 크러스트나 도우가 얇다. 스크린 피자는 스크린이라는 도구를 활용한 이탈리아의 정통 피자라고 할 수 있다. 피자의 크기는 4명이 먹을 수 있을 정도의 패밀리 사이즈 피자와 혼자 먹을 수 있게 인디비쥬얼 포션 사이즈로 만들기도 한다.

이러한 내용을 마인드맵으로 나타내봅시다.

❶ 공책의 중앙에 핵심주제 적기

　　마인드맵은 핵심주제를 기준으로 나뭇가지처럼 무수히 뻗어 나가는 구조로 되어 있습니다. 따라서 내용의 핵심어를 찾고 그것을 공책의 중앙 부분에 적어 줍니다. 이때 핵심주제는 공부할 문제와 연관 지어 생각하면 쉽게 찾을 수 있습니다.

❷ 주가지와 부가지로 내용 나타내기

핵심주제를 가운데 적었다면 문단별로 중요한 내용을 정리해야 합니다. 이때 나무의 가지가 뻗어나가는 것처럼 생각의 가지를 만드는데 내용이 세분화될수록 가지는 굵은 주가지에서 가는 부가지로 그리도록 합니다. 주가지에는 문단의 핵심단어를 적고 문단의 핵심내용은 부가지에 적습니다.

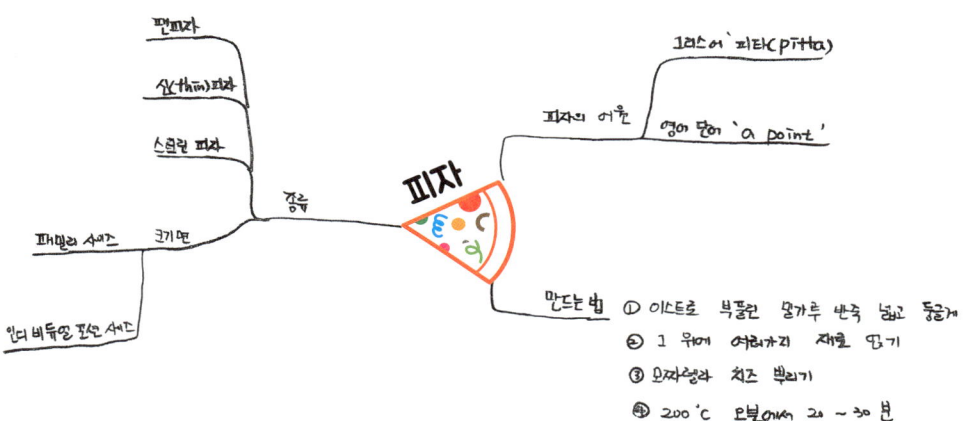

▼ 마인드맵 예시 자료

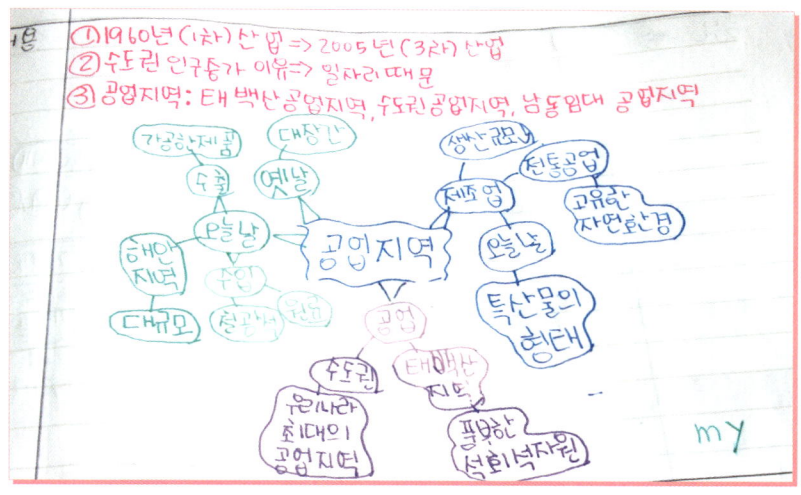

❸ 그림으로 나타내기

정리한 내용을 그림으로 나타내는 것도 좋습니다. 그림은 내용을 단번에 알아볼 수 있도록 해 준답니다.

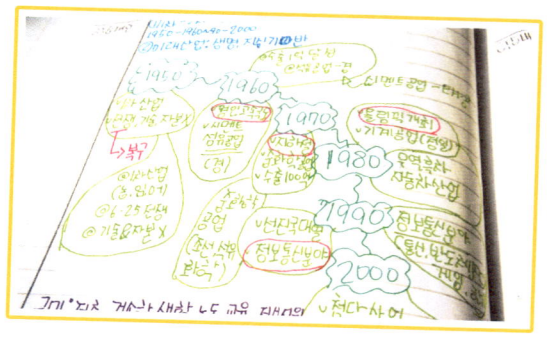

그림을 활용해 시간의 흐름에 따라 정리할 수 있어요.

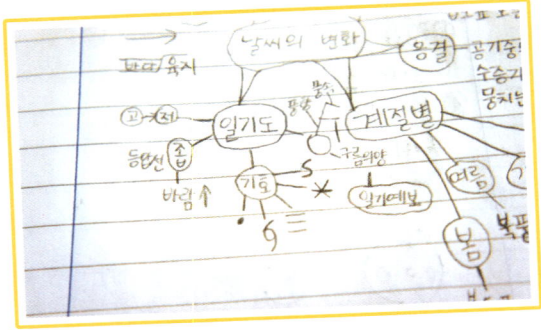

기호를 활용하면 내용을 더 간단하게 나타낼 수 있답니다.

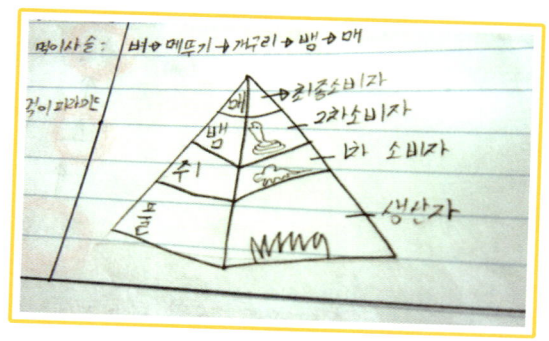

그림은 글의 내용을 한눈에 들어올 수 있게 도와준답니다.

과학공부는 why에서 how로

흔히 볼 수 있는 과학 시간의 모습입니다. 호기심이 많은 아이들에겐 실험을 통해 얻는 결과보다는 과학실에 가서 실험 도구를 만져볼 수 있다는 것 자체가 목적이 되는 경우가 많습니다. 과학 시간에 흔히 생기는 오류이죠. 이런 오류를 없애려면 어떻게 해야 할까요?

과학은 '왜(WHY)'에서 시작합니다. 자연 현상과 사물에 대하여 흥미와 호기심을 가지고 탐구하여 과학의 기본 개념을 이해하는 것이 과학 과목의 가장 기본적인 목표입니다. 여러분이 좋아하는 학습만화 책의 제목이 'WHAT'이나 'HOW'가 아닌 'WHY'인 이유를 알겠지요?

'왜'에서 시작된 실험을 '왜' 하는지 먼저 알고 실험을 하는 것은 당연한 일이지만 많은 학생들이 놓치고 있는 부분이기도 합니다. 과학실에 가기 전에, 또는 실험을 시작하기 전에 우리가 '왜' 이 실험을 하는지 우리가 무엇을 알아보고자 실험을 하는지를 알고 실험을 시작해 봅시다.

다음 단계는 그 '왜'에 대한 예상 답안(가설)을 작성해 보는 것입니다. 예상 답안을 작성해 그것이 옳은지를 확인하는 과정은 과학 수업의 핵심이라 할 수 있는데, 예상 답안은 실험이나 관찰 등을 통해 확인할 수 있어야 하며, '만약 A가 ~ 될수록 B가 ~일 것이다.'의 형태로 작성하는 것이 좋습니다.

'지구가 기울어진 채로 태양 주위를 공전하기 때문에 계절 변화가 생길 것이다.'
위의 예상 답안은 꼭 사실일 필요는 없습니다. 다음 단계를 통해 사실이 아님을 확인하게 되면 다른 예상 답안을 생각해 보고 다시 확인하는 과정을 거치면 되는 겁니다.

예상 답안의 옳고 그름을 확인하기 위해서 '어떻게(HOW)'해야 할까 생각해 보고 확인하는 과정이 실험입니다. 이때 실험 과정에서 똑같이 유지해야 하는 조건(통제변인)과 다르게 해야 하는 조건(조작변인)을 확인하는 것은 매우 중요합니다. 실험 과정에서 어떤 것을 다르게 해야 하는지, 이를 통해 실험 결과가 어떻게 달라지는지 확인하는 것은 실험의 기본이며 꼭 알아둬야 할 내용입니다.

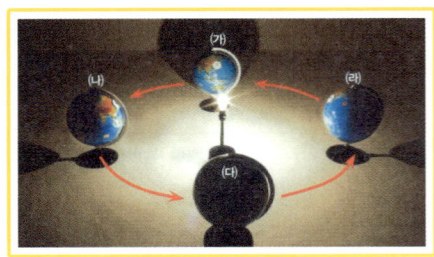 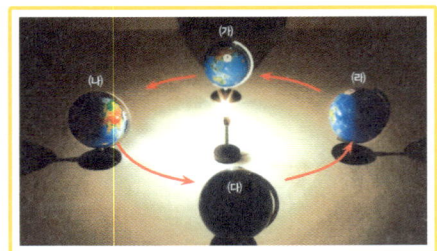

관찰이나 측정 결과로 얻어진 자료를 기록하고, 자료를 해석할 수 있도록 표나 그래프 등으로 변환하는 활동 또한 중요합니다. 실험 관찰에 제시된 표나 그래프에 자료를 채워 넣기 하는 것이 대부분이지만, 실험 결과를 어떻게 한눈에

보기 쉽게 표현할 것인가를 고민하는 과정도 실험에서 빠지지 않고 이뤄져야 할 내용입니다. 정리된 실험 결과를 통해 실험 조건에 따라 어떤 변화가 생기는지, 앞으로 어떻게 변화될 것인지 확인하는 과정을 거쳐 실험 전 작성한 예상 답안의 옳고 그름을 판단할 수 있게 됩니다.

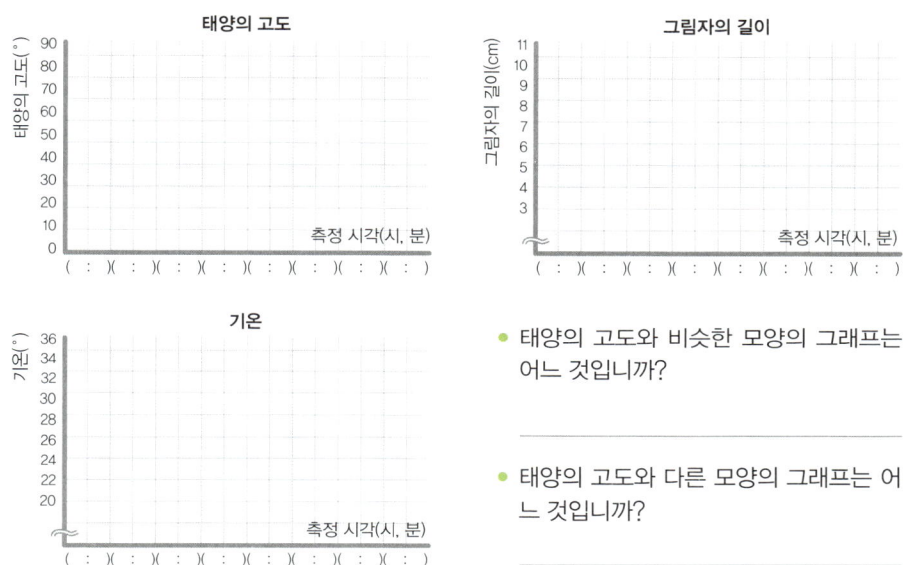

이처럼 과학은 '왜'에서 시작해서 그것을 '어떻게' 확인할지 고민하고 실험 과정을 통해 궁금했던 것을 알게 되는 매력적인 과목입니다.

5교시

공부가 좋아지는 시간

- 자기주도시간

01

시간 이야기

모든 사람들에게 하루 동안 주어진 시간은 몇 시간일까요? 그렇습니다. 바로 '24시간'입니다. 모든 사람들에게 똑같이 24시간이 주어집니다. 이 24시간을 어떻게 활용하느냐에 따라 여러분들은 '남과 다른 나'가 될 수 있습니다.

여러분들의 하루를 생각해 봅시다. 성장기에 있는 어린이들에게 필요한 수면 시간은 평균 8시간 정도입니다. 아침에 등교해서 학교를 마칠 때까지 7시간 정도 학교에서 보내게 됩니다. 그럼 하루 24시간에서 자는 시간과 학교에서 생활하는 시간을 빼 볼까요?

24시간 — 자는 시간 8시간 — 학교생활 시간 7시간 = 9시간

즉, 여러분들이 이용할 수 있는 시간은 9시간 정도가 된답니다.

영화 〈명량〉에는 이순신 장군이 명량해전을 앞두고 임금님께 편지를 쓰는 장면에 유명한 대사가 나옵니다.

"신에게는 아직 12척의 배가 있사옵니다."

어느 누구도 명량해전에서 이길 수 없다고 했지만 이순신 장군은 이런 긍정의 힘으로 명량해전에서 이기게 됩니다.

여러분들에게는 아직도 9시간이 있습니다.

이 시간은 결코 적은 시간이 아닙니다. 이 시간을 어떻게 활용하느냐에 따라 여러분의 목표를 이룰 수도 있고 그렇지 않을 수도 있답니다.

자, 그럼 함께 시간의 정복자가 되기 위한 방법을 알아보도록 합시다.

02 자기주도시간이란?

착한공부를 하기 위해서는 먼저 '자기주도시간'를 이해해야 합니다.

자기주도시간이란 하루 중 자고 먹고 씻는 등 기본 생활에 드는 시간, 학교나 학원에 가는 시간, 휴식 시간, 친구들과 노는 시간 등을 제외하고 순수하게 내가 하고 싶은 일을 할 수 있는 시간을 말합니다.

여러분에게 자기주도시간이 얼마나 있는지 알아보기 위해서는 평소 어떻게 생활하는지 알아야 합니다. 오늘 한 일을 생각나는대로 적어 봅시다.

— 오늘 하루 동안 한 일들 —

좀 더 자세히 시간별로도 한 일들을 적어 봅시다.

시간별 오늘 하루 동안 한 일들

시간		한 일
오전	6시~7시	
	7시~8시	
	8시~9시	
	9시~10시	
	10시~11시	
	11시~12시	
오후	12시~1시	
	1시~2시	
	2시~3시	
	3시~4시	
	4시~5시	
	5시~6시	
	6시~7시	
	7시~8시	
	8시~9시	
	9시~10시	
	10시~11시	
	11시~12시	

03 자기주도시간 계산하기

그럼 지금부터 여러분의 자기주도시간은 얼마나 되는지 확인해 봅시다.

내 자기주도시간 확인표를 적어 볼게. 너희도 다음 쪽에 직접 계산해 보렴.

▼ 선우의 자기주도시간 확인표

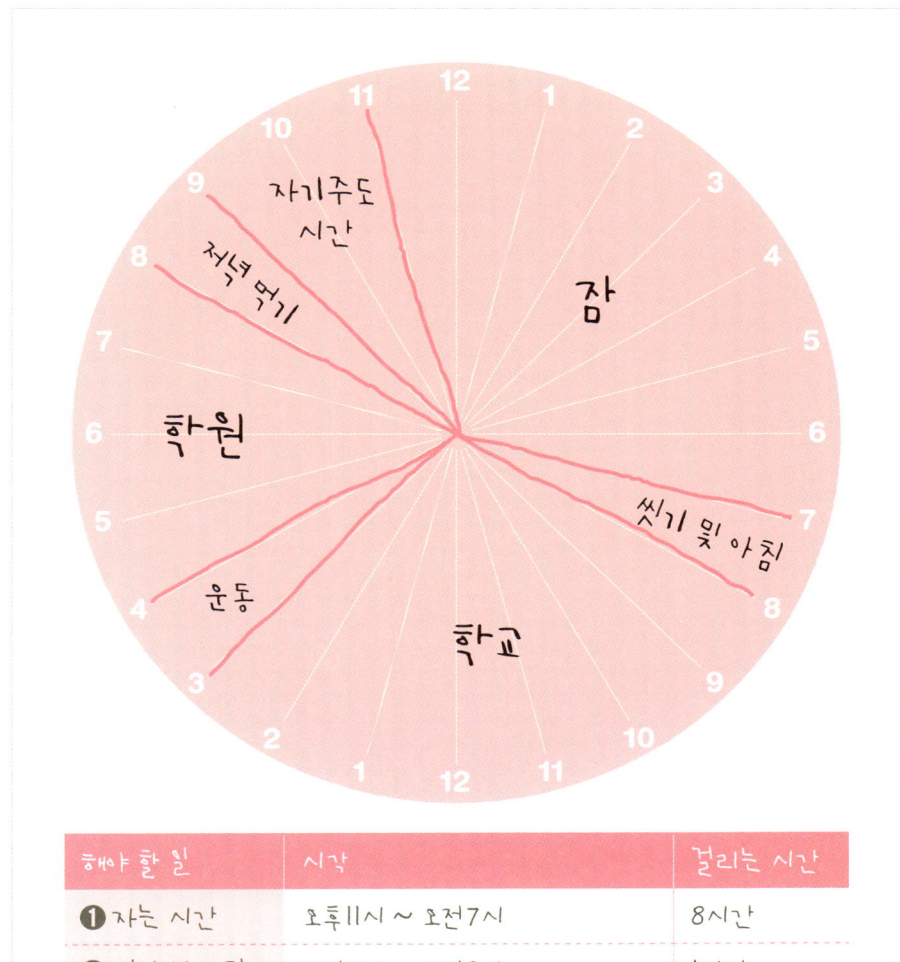

해야 할 일	시각	걸리는 시간
❶ 자는 시간	오후11시 ~ 오전7시	8시간
❷ 씻기 및 아침	오전7시 ~ 오전8시	1시간
❸ 학교생활 시간	오전8시 ~ 오후3시	7시간
❹ 휴식 및 운동	오후3시 ~ 오후4시	1시간
❺ 학원	오후4시 ~ 오후8시	4시간
❻ 저녁 및 휴식	오후8시 ~ 오후9시	1시간
자기주도시간	2시간 (24시간 - ❶ - ❷ - ❸ - ❹ - ❺ - ❻)	

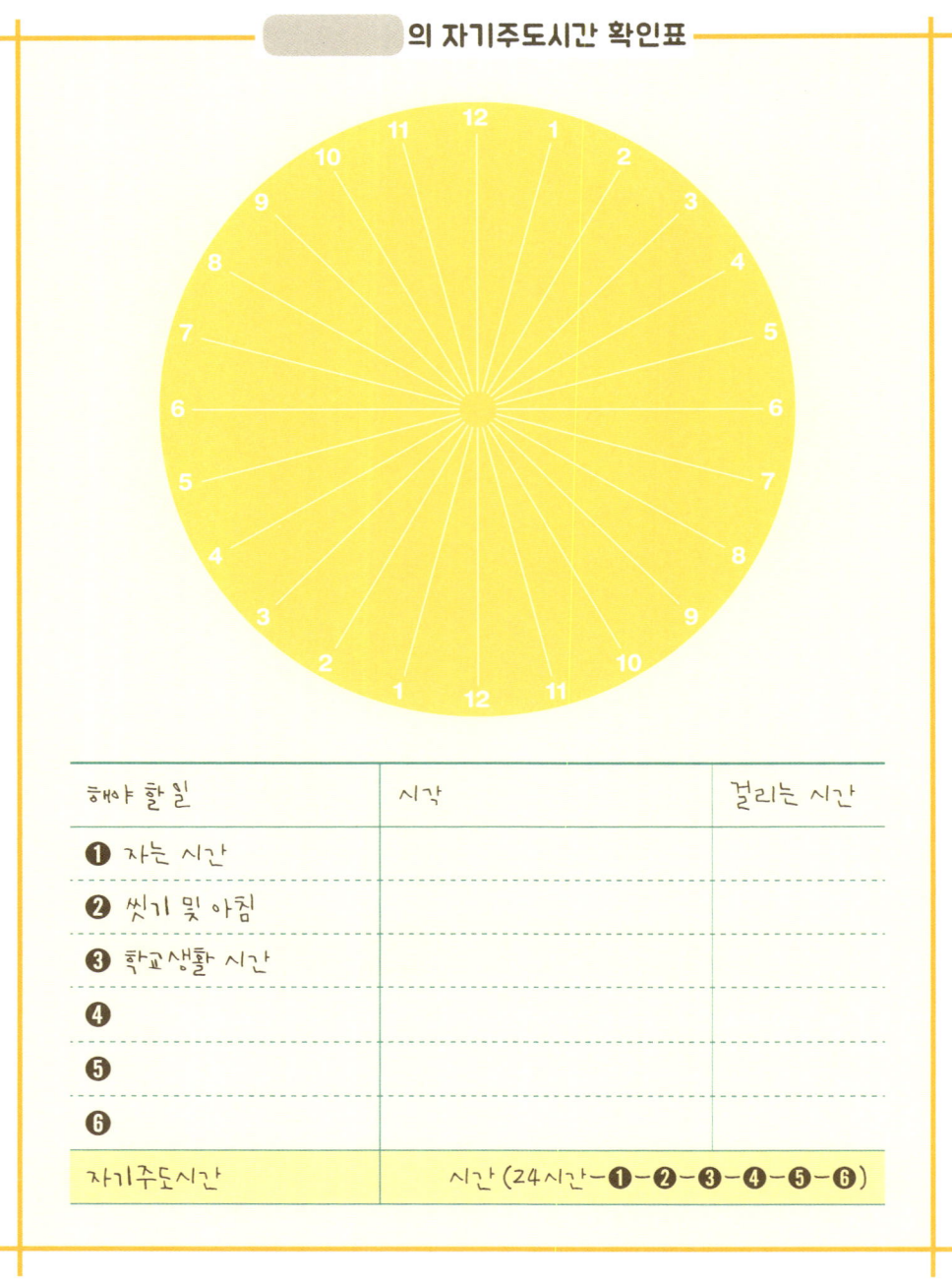

1	먼저 하루 일과 시간을 생각해 적습니다. 1주일 중 가장 바쁜 요일을 생각합니다. (위 학생은 2개의 학원을 다니는 날을 선택해 시간표를 작성했습니다.)
2	각 활동에 필요한 시간도 생각해 '걸리는 시간' 칸에 적습니다.
3	모든 걸리는 시간을 24시간에서 빼면 나의 자기주도시간이 생깁니다.

착한공부법

04 착한공부 시간

자기주도시간을 계산해 보았나요? 여러분이 계산한 자기주도시간에 무엇을 할 건가요? 게임도 하고 싶고, 친구들과 놀고 싶기도 하고, TV도 보고 싶을 겁니다. 물론 이런 시간도 필요합니다. 앞에 예로 들은 선우 학생은 2시간의 자기주도시간 중에서 1시간을 공부하기로 마음먹었답니다. 처음부터 1시간이 너무 힘들다면 30분이라도 해 보세요.

자기주도시간 중에서 여러분이 정한 시간이 바로 착한공부를 하는 시간입니다.

> **착한공부 시간이란?**
> 자기주도시간 중에 내가 진짜로 하고 싶은 과목을 공부하거나
> 내가 기르고 싶은 능력을 키우기 위해서 정하고 실천하는 시간을 말합니다.

대부분의 학생들은 학교나 학원에서 공부를 많이 하는데 왜 따로 시간을 내서 공부를 해야하는지 필요성을 못 느낄 수도 있습니다. 하지만 학교나 학원에서 하는 것은 '공부'라기보다는 '배운다'는 말이 더 정확합니다. 물론 잘 배우고 많이 배우는 것도 중요하지만 여러분 스스로의 힘으로 공부를 하지 않는다면 어느새 배운 것이 스르르 사라지고 말 것입니다.

그렇다면 하루에 공부를 얼마나 하면 많이 하는 것일까요? 고등학교에서 매우 공부를 잘하는 학생들은 방학이 아닌 학기 중에 하루에 4~5시간 정도씩 꾸준히 공부를 한다고 합니다. 여러분들도 공부를 잘 하고 싶은 마음이 들지요? 그렇다고 처음부터 무리하게 계획을 세우면 며칠이 지나지 않아서 포기하게 될 것입니다.

따라서 처음부터 4~5시간을 목표로 하기보다는 30분부터 시작하여 꾸준히 그 시간을 늘려 나가는 것이 좋습니다. 선생님은 초등학생 때 1시간으로 시작해서 중학생·고등학생이 되면서 2, 3시간으로 착한공부 시간을 늘려가는 것을 추천합니다.

▼ 자기주도시간 중에 착한공부 시간 정하는 방법

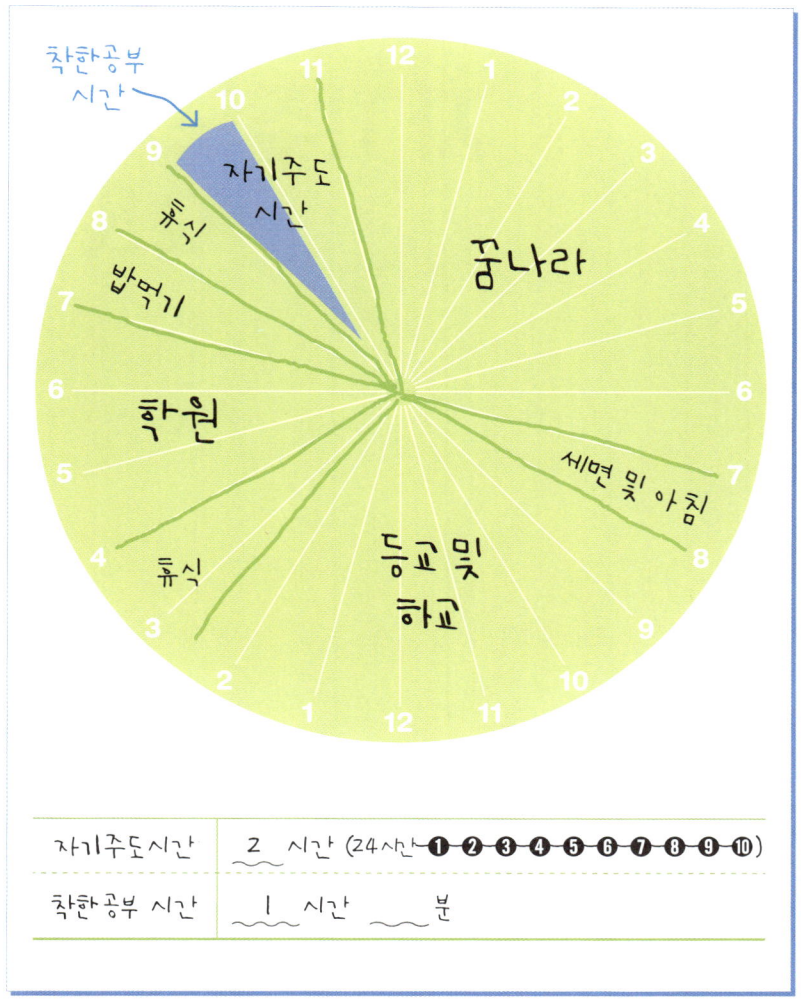

1 위 학생은 자기주도시간 2시간 중에서 공부가 가능한 시간을
오후 9시~오후 10시로 1시간 동안 공부하겠다는 계획을 세웠습니다.
이 1시간을 '착한공부 시간'이라고 합니다.

05 자기주도시간 Q&A

여러분이 선생님에게 자기주도시간 관련해 자주 묻는 세 가지 질문을 모았습니다.

Q 선생님, 저는 월요일부터 금요일까지 매일 일정이 다른데 자기주도시간을 어떻게 계산하나요?

A 대부분의 학생들이 학교에서 끝나는 시간과 학원 등의 일정이 매일 같지는 않습니다. 그럴 때는 자기주도시간 확인표를 요일별로 만들면 됩니다. 많은 학생들이 자기주도시간 확인표를 만들어 보자고 하면 한 장으로 만들어야만 한다고 생각하는데, 반드시 그럴 필요는 없습니다. 여러분의 일정에 맞게 여러 장을 만들면 됩니다.

Q 선생님, 저는 자기주도시간 없어요.

A 간혹 자기주도시간이 전혀 없는 친구들을 볼 때가 있습니다. 이런 경우 가장 일반적으로 할 수 있는 방법이 잠자는 시간을 줄이고 자기주도시간을 만들어 보는 것이지만 선생님은 이 방법을 추천하고 싶지 않습니다. 1주일의 자기주도시간 확인표를 보면 하루 정도는 자기주도시간이 있는 날이 있습니다. 바로 그날의 자기주도시간 중에 착한공부를 해 보기 바랍니다. 학교가 끝나고 여러 곳의 학원을 다니고 집에 와서 늦은 시간까지 학교와 학원 숙제를 해야 해서 자기주도시간이 전혀 생기지 않는 친구들을 볼 때 참 안타까운 마음이 듭니다.

Q 선생님, 저는 자기주도시간이 너무 많은 건가요?

A 학교가 끝나고 학원도 안 다니고 공부방이나 집에서 학습지 등을 풀면서 생활하는 친구들에게는 자기주도시간이 많게는 5시간까지 생깁니다. 이런 학생들이 주로 하는 실수가 자기주도시간이 많으니 처음부터 착한공부 시간을 2~3시간으로 계획을 하는 것입니다. 하지만 너무 무리해서 착한공부 시간을 정하고 실천하려 한다면 대부분의 학생들은 얼마하지 못하고 포기하게 됩니다. 절대로 처음부터 무리해서 착한공부 시간을 정하지 말고 30분 정도부터 실천하면서 점점 시간을 늘려 봅시다.

쉬는 시간

1만 시간의 법칙

   1만 시간의 법칙이라는 말 들어본 적 있나요? 수업 시간에 열심히 공부를 한 학생은 기억이 날 것입니다. 여러분은 4학년 도덕 시간에 1만 시간의 법칙에 대한 글을 읽어 보았을 겁니다. 미국의 기자인 말콤 글래드웰이 쓴《아웃라이어》라는 책에 나온 내용으로 어떤 분야에 세계적인 전문가가 되기 위해서는 1만 시간의 노력이 필요하다는 것입니다.

   그렇다면 1만 시간은 어느 정도일까요? 책에서 배운 자기주도시간과 착한공부 시간을 생각해 봅시다. 1만 시간은 착한공부를 3시간씩 하루도 빠짐없이 10년 동안 꾸준히 해야 도달할 수 있는 시간입니다.

$$1일(3시간) \times 1년(365일) = 1,095시간$$
$$1,095시간(1년) \times 10년 = 10,950시간$$

   인기 아이돌 그룹 EXO의 멤버인 KAI(카이)는 연습생 시절 춤을 잘 추지 못했다고 합니다. 하지만 가족을 만나는 시간이나 휴식 시간을 줄여 가면서 2만 시간 정도 꾸준히 노력한 결과 지금은 춤을 가장 잘 추는 아이돌이 되었습니다. 동계 올림픽 금메달과 여자 싱글 최고점을 기록한 세계적인 피겨스케이팅 선수인 김연아는 무려 5만 시간(매일 8시간씩 17년 동안 연습)을 노력하였다고 합니다. 열심히 꾸준하게 노력한다면 여러분이 원하는 꿈을 모두 다 이룰 수 있을까요?

2014년에 1만 시간의 법칙과 다른 연구 결과도 발표되었습니다. 아무리 노력해도 타고난 재능을 이길 수 없다는 것입니다. 열심히 노력해서 공부를 잘할 확률은 4%(100명 중 4명)밖에 안 된다고 합니다. 어차피 노력해도 타고난 재능을 이길 수 없으니 아예 노력할 필요가 없을까요? 그렇지 않습니다.

　선생님은 노력과 타고난 재능, 둘 다 중요하다고 이야기하고 싶습니다. 먼저 여러분이 좋아하고 잘할 수 있는 것을 찾으세요. 학교 성적이 좋지 않다고, 운동을 하지 못한다고, 친구들보다 예쁘거나 멋있지 않다면서 잘하는 것이 아무것도 없다고 생각해 어깨에 힘이 빠져 있는 학생들을 종종 만나게 됩니다.

　그런데 그럴 필요가 없어요. 우리 모두는 남들보다 더 잘할 수 있는 것을 가지고 있습니다. 당장 그것이 무엇인지, 또 어디에 있는지 찾지 못할 뿐입니다. 여러분이 좋아하고 잘하는 것이 무엇인지 모른다고 너무 고민하거나 걱정할 필요도 없습니다. 열심히 하루하루 생활하다 보면 눈이 크게 떠지고, 밥 먹는 시간이나 잠자는 시간을 아껴 배우고 싶을 만큼 재밌는 것을 발견할 것입니다. 그때 꾸준히 열심히 노력을 하면 여러분은 KAI나 김연아보다 더 뛰어난 사람이 될 수 있습니다.

6교시

―

공부가
좋아지는
계획표

01

공부 계획 세우기

여러분들은 방학이 가까워질 때에 생활계획표를 작성해 보았을 것입니다.

방학 전에는 대부분의 학생들이 방학을 알차게 보내기 위해서 생활계획표를 만들고 이대로 생활하고자 다짐합니다. 하지만 며칠 지나지 않아 생활계획표를 지키지 못하고 있는 자신을 발견하게 됩니다.

"왜 생활계획표를 지키기 어려울까요?"

가장 큰 이유는 스스로 세운 계획이 아니기 때문입니다. 선생님이나 부모님이 시켜서 세운 계획이기 때문에 자신의 생각보다 무리하게 공부 시간을 많이 넣게 됩니다. 대부분 아침에 일어나서 밤에 잠들기 전까지 공부하는 시간을 2~3시간씩 넣어 놓고 열심히 공부하겠다고 합니다. 하지만 실제로는 1시간 공부하기도 어려운 경우가 많았을 것입니다. 또한 생활계획표에는 '공부하기'라는 시간을 정하지만, 구체적으로 어떤 공부를 어떻게 하겠다는 생각을 하지 않아 실천하지 못하게 되곤 합니다. 하루 이틀 지키지 못하다 보면 생활계획표는 결국 방학이 끝날 때까지 쳐다보지도 않게 됩니다.

어떻게 하면 지킬 수 있는 계획표를 세울 수 있을까요?

지킬 수 있는 계획표를 작성하려면 기본적으로 지킬 수 있는 만큼의 계획을 세워야 합니다. 지금까지 배웠던 공부가 좋아지는 '마음, 환경, 자기주도시간' 등을 떠올리면서 실제 공부할 수 있는 계획을 세워 봅시다.

처음부터 무리한 계획을 세우려고 하지는 마세요. 계획표를 작성하는 것보다는 계획표를 실천하는 습관을 들이는 것이 중요하므로 시작은 간단하고 쉽게 작성해 봅시다.

처음 계획표를 작성하는 학생들은 최대한 간단하게, 1주일 단위로 작성을 합니다. 계획표를 작성하고 실천하는 습관을 들여 2~3주 정도만 지나면 선생님이 말하지 않더라도 조금씩 더 자세한 내용이 담긴 알찬 계획표가 될 것입니다.

그럼 예빈이가 작성한 공부 계획표를 보면서 공부 계획을 세우는 방법을 자세히 알아볼까요?

▼ **예빈이의 공부 계획표**

착한공부 시간	월	화	수	목	금	토	일
20분	수학	수학	영어	과학	사회		
20분	국어	영어	수학	사회	국어		
20분	과학	사회	국어	수학	영어		
실천							

그런데 선생님은 앞에 나온 예빈이의 계획표에서 한 가지 걱정스러운 부분이 있습니다.

그것은 무엇을 공부할 것인가에 대한 내용을 너무 단순하게 적었다는 점입니다. '수학'이라는 과목 이름을 쓰기보다는 '수학책 45쪽, OO문제집 12쪽, 오답 노트, 수학 익힘 책 44쪽'과 같이 좀 더 구체적으로 적으면 좋습니다. 그렇다면 내가 무엇을 공부할지에 대해서 좀 더 확실히 알 수 있고 얼마만큼의 시간이 필요한지도 계산하기 좋답니다.

그럼 이 부분을 새롭게 고쳐 보겠습니다.

▼ **자세하게 수정한 예빈이의 공부 계획표**

착한공부 시간	월	화	수	목	금	토	일
20분	수학 익힘책 35~36쪽	수학 익힘책 37~38쪽	영어 2단원 예습하기	과학 실험관찰 정리	사회 26~27쪽 문단나누기	보충	놀기
20분	국어 18~24쪽 읽기	영어 단어20개 외우기	수학 오답노트 작성	사회 24~25쪽 공책정리	국어 25~28쪽 읽기		
20분	과학 실험관찰 정리	사회 24~25쪽 문단나누기	국어 18~24쪽 단어찾기	수학 익힘책 39~40쪽	영어 단어20개 외우기		
실천							

여기서 주의할 점은 너무 욕심이 지나쳐서 그 시간 안에 할 수 없는 일을 계획하면 안 된다는 것입니다. 예를 들어 '30분에 영어 단어 100개 암기하기' 같은 것은 실천하기 힘들겠죠? 그리고 한 가지 더 중요한 점은 시험 기간이 아닌 토요일, 일요일에는 쉬는 시간을 생각해야 하고 월요일부터 금요일까지 계획했던 일을 가족 행사나 학교 숙제로 인하여 하지 못하였을 때, 보충할 수 있는 시간을 생각하여 비워 두는 것이 좋습니다.

가끔 "저는 의지가 약한 것 같아요."라고 말하는 학생들이 있습니다. 계획한 것을 모두 실천하기는 정말로 어렵습니다. 계획한 것을 절반만 실천한다 해도 정말로 대단한 것입니다. 처음에는 계획한 것을 실천하는 것이 힘들겠지만 꾸준히 하다 보면 100퍼센트 실천도 가능할 것입니다.

분명 몇몇 친구들은 '난 공부를 못해서 뭘 해야 될지도 모르는데 이런 걸 어떻게 적지?' 하고 고민하기도 할 겁입니다. 어떤 과목을 먼저 공부해야 할지 모른다면 '나를 알자!'(33쪽)에서 3번이나 4번에 적었던 과목을 중심으로 적어 봅시다. 과목을 정했다면 일단 교과서나 주간학습 안내를 가져와서 학교에서 어디까지 배웠는지, 어디 배울 차례인지부터 확인하세요. 그리고 교과서 두세 장 정도를 꼼꼼하게 읽는 것부터 시작해 보세요.

무엇을 공부할지 모를 때

내가 무엇을 공부해야 할지 잘 모르겠다면 단순한 쪽수 정도를 적어도 괜찮습니다. 국어의 경우에는 이야기 한 편 읽기(18~24쪽 읽기), 한 단원 제목만 훑어보기 등, 수학의 경우에는 수학 익힘 책 34~35쪽 풀기, 연습 문제만 풀기 등 간단하게라도 적어 두는 게 좋습니다.
특히 사회나 과학처럼 외워야 할 내용 또는 어려운 개념이나 낱말이 있는 경우에는 모르는 낱말 10개 찾기, 그림이나 사진만 훑어보기, 복습을 위해 다시 한 번 3쪽 정독하기 정도로 해 두어도 됩니다.

이렇게 간단하게라도 구체적인 목표를 적으면 내가 무엇을 해야 할지 분명해지고 작은 목표라도 스스로 했다는 생각에 자신감이 생기기 시작합니다. 바로 착한공부가 되는 것이지요.

02 공부 계획 점검하기

다음의 체크리스트에 동그라미(○) 표시를 해 보세요.

공부 계획 완성 후 자기 점검 체크리스트

항목	표시
❶ 나는 내가 만든 공부 계획을 반드시 1주일간 열심히 실천할 것이다.	
❷ 나는 나의 책상이나 학교의 사물함 등을 정리해 보았다. (혹은 정리할 필요 없다)	
❸ 자기주도시간을 고려해서 부담이 없을 정도의 공부 시간을 정하였다.	
❹ 나는 내가 잘하고 못하는 과목을 분명히 알고 있다.	
❺ 나의 공부 계획표에는 내가 싫어하는 과목도 있다.	
❻ 나는 계획표에 '국어, 수학' 같은 과목 대신 내가 해야 할 구체적인 목표를 적어 두었다.	

동그라미가 많을수록 여러분은 '착.공.신(착한공부의 신)'에 가까워지고 있습니다. 이러한 마음가짐으로 1주일간 공부 계획표를 실천한 후에는 반드시 여러분의 생각이나 느낌을 정리해 두어야 합니다. 더 나은 다음 계획을 위해서 말이지요. 나의 착한공부 시간이 얼마나 늘었는지 확인하면서 착한공부에 대한 자신감도 함께 늘어 갈 것입니다.

또한 계획 작성이 끝나면 친구나 선생님, 부모님께 보여 드리거나 학습 놀이터의 게시판에 공유해서 자신의 계획 실천 의지를 다지는 것이 좋습니다. 착한공부의 마지막은 '함께' 나누는 것이니까요.

▼ **공부 계획 실천 후의 소감 쓰기의 예시**

☺ 1주째 ☺ 처음 세워 본 계획이었다. 학습놀이터 선생님의 공부계획이 처음엔 낯설게 느껴졌지만 내가 스스로 세우고 실천하는 일이 재미있었다. 다음 주에는 착한공부시간을 30분에서 40분으로 늘려도 될 것 같다. 다음 주가 기대된다.

☺ 2주째 ☺ 아! 이번 주는 계획을 제대로 못 지켰다. 그래도 대신에 공부방 정리와 책상 정리는 꼬박꼬박 잘하였다. 우연히 선생님이 내 책상을 보시고는 "요즘 말끔해졌구나." 하며 칭찬하셨다. 폭풍감동!

☺ 3주째 ☺ 목요일에 시험이라 내가 제일 못하는 사회 위주로 계획을 세웠다. 교과서 잘 보고 문제집 풀면 되지 않을까 했는데 생각보다 효과가 있었다! 그래도 점수는...... ㅠ_ㅠ 하지만 실망하지 않을 테야!

이렇게 1주일을 돌아보며 힘들었던 점, 좋았던 점, 고쳐야 할 점을 간단하게 써 두면 여러분이 다음 계획을 세울 때 도움이 되고 스스로 변하는 모습도 점검할 수 있습니다.

03 착한공부 시간이 자라요

여러분의 자기주도시간이 2시간이라고 해서 처음부터 2시간을 모두 공부 시간으로 잡으면 안 된다고 이야기했었지요? 처음에는 부담 없이 10분, 20분으로 시작해서 스스로 공부하는 시간을 차츰 늘려 나가는 것입니다.

'착한공부 시간이 자라요' 부분에 여러분이 그 주에 공부한 최소 시간을 표시합니다. 1주일마다 기록하면서 여러분의 자기주도시간이 얼마나 자라는지 지켜 보세요.

그러면 지금까지 학습놀이터 선생님들이 알려준 방법대로 공부 계획을 세워 볼까요?

친구들이 세운 계획을 살펴봅시다.

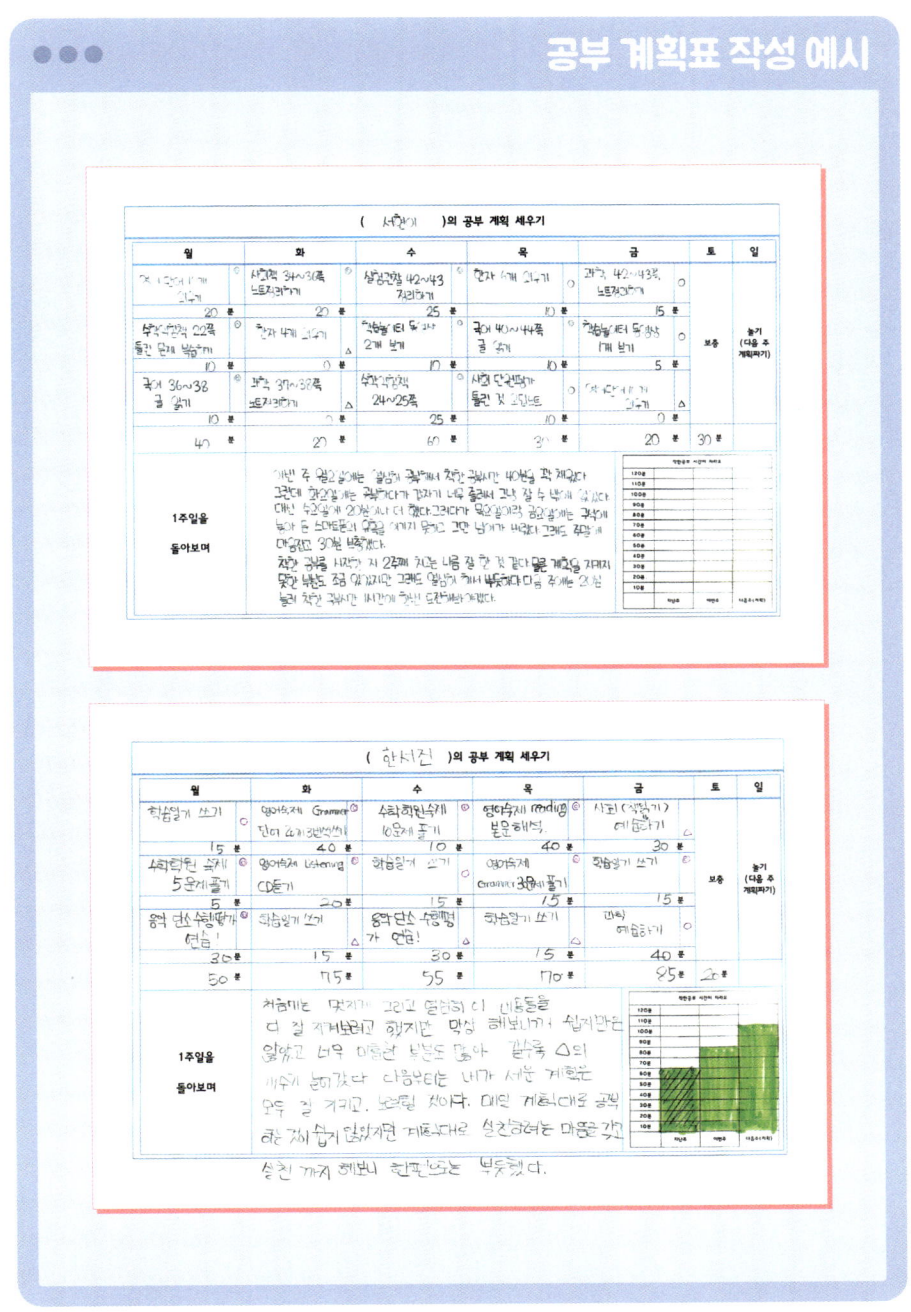

▼ 예빈이의 공부 계획표

월	화	수	목	금	토	일
수학 익힘책 35~36쪽 ◎○△	수학 익힘책 37~38쪽 ◎○△	영어 2단원 예습하기 ◎○△	과학 실험관찰 정리 ◎○△	사회 26~27쪽 문단나누기 ◎○△		
20분	20분	20분	25분	10분		
국어 18~24쪽 읽기 ◎○△	영어 단어20개 외우기 ◎○△	수학 오답노트 작성 ◎○△	사회 24~25쪽 공책정리 ◎○△	국어 25~28쪽 읽기 ◎○△	보충	놀기 (다음 주 계획짜기)
15분	30분	0분	25분	15분		
과학 실험관찰 정리 ◎○△	사회 24~25쪽 문단나누기 ◎○△	국어 18~24쪽 단어찾기 ◎○△	수학 익힘책 39~40쪽 ◎○△	영어 단어20개 외우기 ◎○△		
25분	10분	0분	20분	25분		
60분	60분	20분	70분	50분	40분	

1주일을 돌아보며

이번 주 월요일과 화요일에는 계획했던 것처럼 착한공부시간 1시간을 꽉 채워서 공부했다. 화요일 영어 단어 외우기는 완벽하게 하지는 못했지만 계획했던 공부를 모두 하고 나니 기분이 좋았다. 수요일에는 영어 공부를 하고 TV 시청의 유혹을 이기지 못하고 TV를 보고 말았다.ㅠㅠ 다시 마음을 잡고 목요일과 금요일에는 열심히 공부를 했다. 토요일에는 수요일에 못했던 오답노트와 국어 단어찾기를 했다. 매일 계획한 만큼 공부하는 것이 쉽지는 않았지만 1주일을 돌아보니 내 자신이 대견하고 뿌듯한 기분이 들었다.

착한공부 시간이 자라요!

(지난주, 이번주, 다음주(계획) 막대그래프)

착한공부법

여러분도 공부 계획을 작성해 보세요.

____의 공부 계획 세우기

월	화	수	목	금	토	일
	◎ ○ △	◎ ○ △	◎ ○ △	◎ ○ △	◎ ○ △	
	분	분	분	분	분	
	◎ ○ △	◎ ○ △	◎ ○ △	◎ ○ △	◎ ○ △	
	분	분	분	분	분	
	◎ ○ △	◎ ○ △	◎ ○ △	◎ ○ △	◎ ○ △	
	분	분	분	분	분	
분	분	분	분	분	분	

1주일을 돌아보며

착한공부 시간이 자라요!
120분 110분 100분 90분 80분 70분 60분 50분 40분 30분 20분 10분
지난주　이번주　다음주(계획)

6교시 * 공부가 좋아지는 계획표

자투리 시간 활용하기

혹시 '자투리'라는 말을 들어 봤나요? '자투리'란 옷이나 이불 등을 만들고 남은 작은 천 조각을 말합니다. '자투리'는 사용하고 남은 작은 조각을 뜻하는 말로도 자주 사용되고 있는데요. 우리가 생활하면서 쓰는 시간 중에 남는 시간을 '자투리 시간'이라고 할 수 있습니다.

'자투리 시간에도 공부를 해라!'라고 선생님이 이야기하면 너무 심한 것 같지요? 그 시간 안에는 여러분이 휴식을 위해 사용하는 시간들이 많이 포함되어 있을 테니까요. 물론 쉬어야 합니다. 여러분이 공부를 할 때 집중력을 높이려면 충분한 휴식 시간이 필요합니다. 피곤한 상태에서 억지로 책상 앞에 앉아있는 1시간 보다는 집중해서 공부하는 10분이 여러분에게 더 도움이 된다고 생각합니다. 자투리 시간을 활용하여 충분히 쉬세요.

하지만 적지 않은 자투리 시간을 매일 쉬는 시간으로만 활용한다면 아까운 생각이 들지 않나요? 그럼 자투리 시간을 어떻게 활용하는지 살짝 가르쳐 줄게요.

❶ 나의 자투리 시간을 알아보자

우선 나의 자투리 시간이 얼마나 되는지 알아야 그 시간에 무엇을 할지 생각해 볼 수 있겠지요? 자기주도시간이 얼마나 되는지 알아볼 때, 착한공부 시간으로 쓰기에는 좀 적다라고 생각되는 10~20분 정도 되는 자투리 시간이 얼마나 되는지도 함께 생각해 보면 좋을 것 같습니다.

❷ 자투리 시간에 할 수 있는 일들을 생각해 보자

앞에서 이야기한 휴식 말고, 자투리 시간을 활용하여 할 수 있는 것들을 생각해 봅시다. 독서, 영어 단어나 고사 성어 외우기 등 공부와 관련된 일 외에도 좋아하는 가수의 노래 듣기, 팔굽혀펴기, 큐브 맞추기 등 다양한 일들을 할 수 있습니다.

❸ 자투리 시간을 소중하게 여기자

여러분에게 주어지는 자투리 시간은 적은 시간이 아닙니다. 이 시간 동안 꼭 공부를 해야 한다는 생각은 하지 않아도 됩니다. 여러분이 자투리 시간의 소중함을 알고, 그 시간을 헛되게 보내지 않았으면 합니다. 자투리 시간을 알차게 보내기 위한 준비물을 항상 가방 속에 챙겨 다니며 수시로 활용해 봅시다.

❹ 자투리 시간이 여러분의 삶을 바꿉니다

자투리 시간을 활용하는 습관을 들이면 잠을 줄이면서 할 일이나 공부를 하지 않아도 되고, 이는 여러분의 건강에도 큰 도움이 됩니다. 학생 때부터 자투리 시간을 관리하다 보면 여러분이 어른이 되어서도 시간 관리를 잘할 수 있게 될 것입니다.

나만의 자투리 시간 활용법을 찾아보세요.

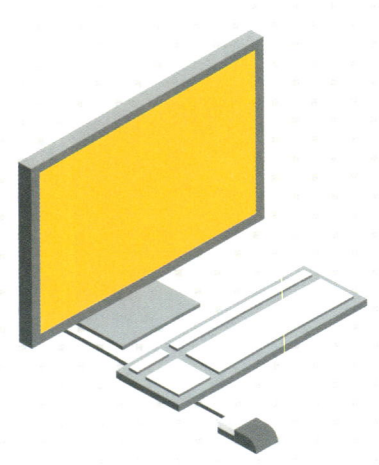

방과 후 교실

―

학습놀이터 카페 활용법

01

착한공부 개념 되짚기

지금까지 이 책을 읽으며 배운 것을 다시 한 번 되짚어 봅시다. 그런 다음 '학습놀이터' 카페 활용법도 차근차근 알아보겠습니다.

착한공부란 무엇인가요?

그렇다면 착한공부의 세 가지 개념 중에서 '함께'는 어떤 의미일까요?

여러분 머릿속에서는 '친구들과 함께 모여서 공부하기'가 먼저 떠오를 것입니다. 맞습니다. 착한공부 시간에 친구들과 모여서 내게 필요한 과목을 즐겁게 함께 공부하는 것입니다. 우리가 여기에서 다루고자 하는 '함께' 하는 착한공부는 학습놀이터를 활용해서 함께하는 공부입니다.

학습놀이터의 착한공부법을 보면서 다른 친구들과 함께하는 공부를 시작해 볼까요?

혹시 착한공부법이 어려워서 나는 못하는 것은 아닐까 생각하고 있는 친구들이 있나요? 책을 읽다가 궁금하거나 모르는 부분이 생기면 책에 있는 QR코드를 활용해 보세요. QR코드가 여러분에게 큰 도움이 될 것입니다.

QR코드란?

❶ QR코드는 다양한 정보를 담을 수 있는 코드로, 스마트폰으로 QR코드를 스캔하면 많은 정보를 이용할 수 있습니다.

❷ 책에 있는 QR코드를 사용하려면 어플리케이션을 다운받아야 합니다. 안드로이드 play스토어/아이폰 앱스토어에서 네이버/다음 어플리케이션을 설치한 뒤 이용할 수 있습니다.

학습놀이터 바로가기

❶ 네이버/다음에서 '학습놀이터'라고 검색을 합니다.

❷ 혹은 인터넷 주소창에 http://cafe.naver.com/welearning2011을 직접 입력합니다.

02

스스로 하는 착한공부

1 • 1교시 : 공부가 좋아지는 마음

공부가 좋아지는 마음

매년 학기 초에 학생들에게 매일매일 하는 공부지만 도대체 "왜 공부해야 하는 걸까요?"라고 물어보면 모르는 친구들이 너무 많습니다.

여러분, 공부는 왜 해야 할까요? 우리가 여행을 갈 때 목적지가 있고 비행기나 배, 기차 등이 목적지를 향해 출발하듯이 여러분이 공부를 하기 위한 이유를 분명히 알아야 합니다. 단순히 나중에 커서 좋은 직업을 갖기 위해, 돈을 많이 벌기 위한 공부가 아닌 여러분이 진짜 공부를 하는 이유를 곰곰이 생각해 적어 보세요. 다른 친구들이 공부를 하는 이유가 무엇인지 궁금하지 않나요? 공부해야 하는 이유가 분명해졌다면 공부를 열심히 하기 위한 여러분의 다짐도 써 보세요.

공부, 도대체 왜 할까???? | 1교시 공부왜할까?

주화

✏️ 공부를 해야 하는 이유(구체적으로 쓰세요)

내가 공부를 해야 하는 이유는 우리가 이 세상을 살아가는 데 조금이라도 더 알아가며 살고, 이 세상 막힘없이! 편하게 살기 위해서라고 생각된다.
또, 무엇보다도 우리가 인간다운 삶을 살기위해 꿈을 목표로 삼아 인간이 사는 과정을 공부로 만들어 나가는 것같다.

✏️ 공부습관 길들이기를 위한 나의 다짐(구체적으로 쓰세요)

나는 공부습관을 길들이기 위해 문제집을 한과목당 기본 1~2장이상씩 풀것이다!

북두칠성의 공부를 해야 하는 이유와 다짐 | 1교시 공부왜할까?

북두

공부를 해야 하는 이유(구체적으로 쓰세요)

공부를 해야 하는 이유는 행복해 지기 위해서입니다. 공부를 한다고 무조건 행복해 지는 거는 아니지만 공부를 함으로써 다른 것들을 시도 해 볼수 있는 기회가 늘어나고, 시도할 때에 자기 자신이 좋아하는 것과 잘하는 것을 찾을 수 있습니다. 그리고 저는 제가 좋아하는 일을 할 때에 행복해 진다고 생각합니다.

공부습관 길들이기를 위한 나의 다짐(구체적으로 쓰세요)

저는 앞으로 제가 할 일을 미루지 않겠습니다. 제가 해야 할 일을 제일 먼저하고 그 다음 다른 것을 하겠습니다. 또 매일 책을 읽도록 하겠습니다.

공부는 도대체 왜 해야 하는 것일까요? | 1교시 마음

리

✏️ 공부를 해야 하는 이유(구체적으로 쓰세요)

가끔씩 공부를 하다 지겨우면 이 생각이 문득 들고는 합니다. '공부는 도대체 왜 해야 하는 걸까?' 공부는 나중에 크면 자신이 원하면 좋은 직업을 갖게 해 주어서 뿌듯하고 좋을 뿐만 아니라, 자신이 할 수 있는 것들이 많아집니다. 운동을 잘하면 운동선수 같은 것이 대표적이지만 공부를 잘하면 의사, 변호사 등 할 수 있는 것들이 무궁무진합니다.

✏️ 공부습관 길들이기를 위한 나의 다짐(구체적으로 쓰세요)

공부는 항상 어쩔 수 없이 하는 것이 아니라, 나를 위해서 한다는 것.

2 • 2교시 : 공부가 좋아지는 환경

공부를 하기 위해서는 무엇보다도 공부를 할 수 있는 환경이 중요하답니다. 쓰레기장이나 시끄러운 공사장에서 공부를 할 수 없을 겁니다. 내 주변 환경이 깨끗하고 조용하다면 공부하고 싶은 마음이 저절로 생기겠지요. 인증샷으로 다른 친구들에게 "내가 이렇게 정리했어."라고 자랑도 하면 왠지 모를 뿌듯함에 계속해서 정리 습관을 키워갈 수 있답니다.

3 • 3교시 : 공부가 좋아지는 교과서

공부가
좋아지는
교과서

여러분이 학교 수업 시간에 가장 많이 보는 책이 뭘까요? 바로 '교과서'입니다. 교과서를 제대로 보는 방법은 이미 알고 있지요? 교과서 보는 법을 제대로 알고, 예습할 때 그리고 공부 시간에 바로 활용한다면 여러분은 놀라운 경험을 하게 될 것입니다.

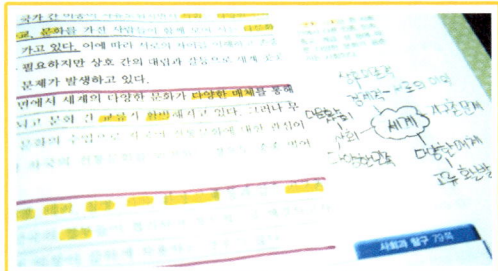

4 • 4교시 : 공부가 좋아지는 공책정리

공부가
좋아지는
공책정리

교과서 속 중요한 내용들을 찾아서 나만의 방식으로 정리해 본다면 여러분이 필요한 순간에 중요한 내용들이 머릿속에 펼쳐질 것입니다.

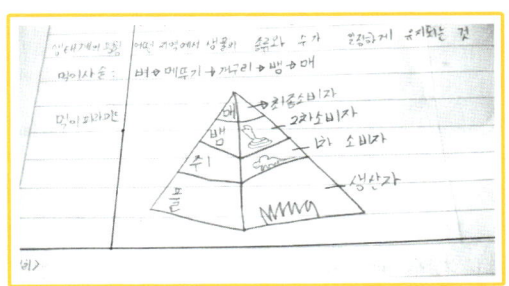

5 • 5교시 : 공부가 좋아지는 시간 – 자기주도시간

하루에 내가 사용할 수 있는 시간, 학원을 가거나 밥을 먹거나 씻거나 잠을 자는 시간 등을 뺀 '내가 온전히 이용할 수 있는 시간'을 바로 '자기주도시간'이라고 합니다. 자기주도시간 중에서 내가 하루에 할 수 있는 만큼의 목표를 정해서 공부 계획을 세우면 된답니다.

이때 주의할 점이 있습니다! 자기주도시간에 무리하게 공부 계획을 세우면 안 됩니다.

이제 여러분의 자기주도시간을 계산해 볼까요? 그리고 자기주도시간 안에서 내가 실천할 수 있는 공부 시간 계획을 정해 봅시다.

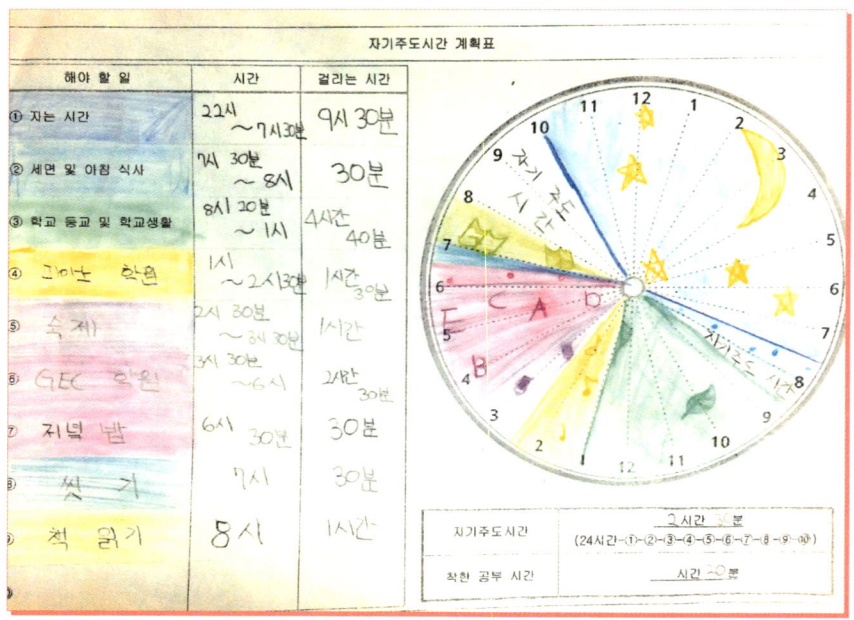

6 • 6교시 : 공부가 좋아지는 계획표

공부가
좋아지는
계획표

'나를 알자'(33쪽)에서 알아본 좋아하는 과목과 싫어하는 과목, 잘하는 과목, 못하는 과목을 자기주도시간에 맞추어 공부 계획을 세워 게시판에 올려 봅시다. 학습놀이터 선생님들이 꼼꼼히 살펴보고 부족한 부분이 있으면 알려줄 거예요.

▼ 공부 계획표 예시

7 • 착한공부인 인증

학습놀이터의 '착한공부'를 다른 친구들과 함께해 보니 어떤가요?

1교시부터 6교시까지 따라 하기 정말 힘들었지요. 이렇게 열심히 여러분들이 했는데 그냥 넘어가면 안 될 것 같습니다. 그래서 열심히 1교시부터 6교시까지 참가한 친구들에게 특별히 '착.공.신'이라는 칭호를 주려고 합니다. '착.공.신'이라는 칭호가 무엇이냐면 바로 우리 학습놀이터 카페의 회원 등급 중 하나입니다.

학습놀이터의 회원 등급을 살펴보면 아래와 같습니다.

등급명	설명
새싹	착한공부를 위해 이제 막 가입한 사람입니다.
열심	착한공부가 무엇인지 알고 있는 사람입니다. ▶ 게시글 0개, 덧글 5개, 출석 50회, 가입 5주 후 만족 시 자동등업
성실	착한공부를 위해 꾸준히 출석하는 사람입니다. ▶ 게시글 10개, 덧글 20개, 출석 100회, 가입 12주 후 만족 시 자동등업
착공신	착한공부의 신입니다.
C.E.O	스터디 그룹의 대표(Chief Education Officer)입니다.
또래교사	나만의 지식을 공유할 수 있는 학생교사입니다.

착.공.신은 정말로 획득하기 어려운 바로 4번째 등급입니다.

03

재미있게 하는 착한공부

1 • 5분 동영상 강의 활용하기

학습놀이터에는 여러 명의 선생님들이 여러분을 위해 인터넷 강의 동영상을 만들어 올리고 있습니다. 선생님들은 모두 현재 초등학교에서 근무하고 있습니다. 그래서 학교 수업에서 여러분이 어려워하는 부분을 누구보다 더 잘 알고 있답니다.

여러 학생들이 이해하기 쉽게 핵심을 콕콕 짚어서 가르쳐 주기 때문에 누구나 쉽게 배울 수 있습니다. 또한 학습놀이터의 강의들은 모두 5분 내외의 강의들이랍니다. 따라서 짧은 시간 동안 수업 시간에 배운 내용을 압축하여 정리할 수 있는 장점이 있어요. 게다가 이 모든 강의들이 무료랍니다. 컴퓨터나 스마트폰 또는 스마트패드가 있는 곳이라면 언제 어디서든 공부할 수 있겠죠? 또한 학습놀이터의 강의들은 여러분이 한눈팔지 않고 수업 내용에 집중할 수 있도록 선생님들의 중독성 있는 다양한 개인기와 이야기들로 재미있게 진행되고 있습니다.

이미 많은 친구들이 학습놀이터의 강의를 듣고 공부의 재미에 푹 빠져들고 있답니다.

학습놀이터를 활용 중인 학생들의 후기

학습놀이터는요.... | 학습놀이터좋아요!

열공~~

제가 학습놀이터를 시작하고 나서 부터 많은 변화가 있었는데요.
저는 성적도 물론 많이 올랐지만, 제일 많이 변한 것은 바로 **습관** 입니다.
학습놀이터는 시작하고나서부터 아침마다 강의를 듣고.
 그러다 보니 일찍자고 일찍일어나게 되었습니다.
미리 예습을하여 학교에서 발표를 했더니 칭찬도 많이 받았습니다.
노트에 필기하는 습관, 주변을 깔끔하게 정리하는 습관까지 생기다 보니
 엄마, 아빠께서도 좋아하시고 선생님도 실력이 많이 늘었다고 칭찬해 주셨습니다.
또 학습놀이터에서 친구들을 만나며 친구와 같이 공부도 하고,
강의를 한번 더 들으며 복습을 하니 머리속에는 더욱더 기억에 잘 남습니다.
시험공부도 교과서와 강의를 들으며 하다보니
실력도 오르고 실력이 좋아져서 성적이 오르면 칭찬들 들으니 기분도 좋습니다.

제가 학습놀이터를 시작하고 제일 좋은점은
'공부가 재미있어졌다'는것입니다.
 공부가 재미있어지니까 스트레스도 받지 않고.
실력도 느니 학습놀이터라는 카페는 정말 좋은 것 같습니다^^

공부가 재밌는 학습놀이터! | 학습놀이터좋아요!

민들레

여름 방학 때 아송군쌤 강의를 열심히 듣고 공부했더니 지난번
첫 단원 평가 시험에서 수학 92점 받았어요.
물론 학원은 안 다니고 학습놀이터에서 공부했지요.
아는 문제를 실수로 2개 틀려서 수학 92점 받았지만
아송군쌤 강의 듣고 수학이 엄청 쉬워졌어요.
수학에 자신감을 심어주신 아송군쌤 감사합니다!^^
공부가 쉬워지는 행복한 학습놀이터로 많이 들어오세요!~

학습놀이터 짱짱~~ | 학습놀이터좋아요!

열공꼬

학습놀이터는 공부가 지루하지않고 더 재미붙는것 같아요^^
설명도 아주잘해주시고 요점도 잘 책크해주시고요~!
저희학교는 사이버스쿨이라는것이 있는데요.........
그것은 15분찌리라 지루하고 렉이 많이걸려서 진짜 짜증나요!
그런데 엄마가 제가공부를안해못하거든요(그건안비밀) 그래서 엄마가 좋다는 사이트는 다추천해주고요
공부관련책도 좀 많이(?)사주시는데요. 다른공부책은 글밖에 없어 재미없었는데...
학놀책은요 내가 적을수도있 고재밌는것같아요 또 좋다는공부사이트는 다 재미없는데
제가 놀고있을때요 엄마가 절 부르시더니 한번 수학강의를 들어봐라고 해서 들어보았는데 정말재미있더라구요!!!
7월3일에 시험인데 이번시험은 아송군쌤,뺑쌤,둘리쌤들이 잘 설명해주셔서 아마도 올백예정!
앞으로도 학놀 열심히 이용하고 친구들에게 추천 많이할게요~!

좋아요!! | 학습놀이터좋아요!

kno

음....
저번에 한번 올리고 또한번 학습놀이터가 좋다는 글을 올리게 되었습니다~

제가 이번에 학습놀이터가 좋다고 느낀이유를 알려드리겠습니다!!

먼저 저도 모르게 학습놀이터를 클릭중............?
ㅋㅋ
저도 모르게 집에 오면 학습놀이터에서 출석을 하고 강의를 듣는 곳에 가있네요.....ㅋㅋ
학교에서 이해가 잘 안되는 부분이있으면 강의를 봐야지...........하는 생각이 제일먼저 듭니다!!

두번째는 또래교사!
제 의견을 너무 나도 잘 들어주시고. 이해해주시고. 멋진강의를 해주시는 또래교사가 있어서 또 좋은것같아요!!
강의도 너무 다들 좋으시고. 제가 몇몇 또래교사님들께 채팅을 해 보았는데 정말 좋은것 같습니다!!

세번째는 노트필기대회입니다!!
제 노트를 사진찍어서 올리면 여러 님들께서 제 공책에 대한 평가를 해주시고. 저는 그 충고를 듣고 더욱더 발전해 나갈수 있어서 좋은것
같습니다!!

네번째는 나만의 공부비법 코너입니다.
제 공부 비법과 다른 다른님들의 공부 비법을 알아보고, 내껄루 만는드 것도 정말 좋은것 같습니다.

2 • 학습놀이터 선생님 소개

이제 학습놀이터에서는 어떤 선생님들이 어떤 강의를 하고 있는지 살펴볼까요?

악마쌤의 맛있는 국어

강의 보러가기

★ 아낌없이 마구 퍼 주는 쌤
★ 성대모사의 달인
★ 프레지(주석 달기) 강의
★ 드라마나 예능 프로그램 등 재미있는 내용으로 배우는 국어 수업
★ 매 단원마다 '살펴보기, 교과서 핵심정리, 알아두기' 등 3개 강의로 구성

☞ 학생들 반응 댓글

아○○
ㅋㅋㅋㅋㅋ너무재밌어요...한번보면잊을수가없네요...깔끄야!!!ㅋㅋㅋㅋㅋ

함○○
악마쌤~ 강의 잘 듣고 가요~
요점정리 할때 짱인데요~^^
감사합니다!

양○○
진짜! 신기해요. 이때면 좀 졸고 있어야 되는데 귀에 쏙쏙 잘도 들어오네요.

착한공부법

아송군쌤의 맛있는 수학

강의 보러가기

★ 학습놀이터의 대장 쌤
★ 수학 익힘책에 있는 모든 문제는 나에게 맡겨라!
★ 4~6학년 수학 익힘책을 문제별로 자세하게 풀어 줌
★ 누구나 반하는 예쁜 손의 소유자. 그러나 얼굴은?
★ 어려운 문제도 쉽게 이해시켜 주는 탁월한 능력자

학생들 반응 댓글

꿈
이해가 너무 잘되는 것 같아요~!
재미있는 수업 감사합니당^^

바올
정말 이해 잘돼서 좋구요~~~
저가 이해를 못해서 계속 햇갈렸었는데ㅠㅠ
드디어 이해가 되네요~~~~
우리반 아이들에게 모두 추천합니다~~

봄
요번 수학 시험이 5,6단원인데 6단원은 이해가 갔는데 5단원이 이해가 안가서 가입했는데 진짜 잘가르치시네요!! 앞으로 쌤 강의 들으면서 수학외 다른과목도 열심히 할께요!

꿈딸
요번 4학년 올라가는 아이 엄마랍니다.
아이가 제 아이디로 요걸 듣거든요~^^
새로운 동영상 강의 너무 좋네요.
우리 아이 예습하면서 하루에 하나씩 보고 있는데 재미 있다고 합니다.

방과 후 교실 * 공부가 좋아지는 학습놀이터

뻥쌤의 맛있는 사회

강의 보러가기

★ 뻥을 잘 쳐서 뻥쌤
★ 웬만한 성우 부럽지 않은 감미로운 목소리
★ 재미없는 사회를 재미있게 만들어 주는 탁월한 능력
★ 선생님과 함께 학습지 빈칸 채우기를 하면 사회 성적이 쑥쑥!

학생들 반응 댓글

까만
6학년 2학기 사회 내용 찍으시느라 고생하셨습니다~~ ^_^
덕분에 사회 성적 많이 올랐어요~~ 감사합니다!

비니
저 이거 시험보기 전에 시험범위 안에 있는거 다들었는데
98점으로 6점 이나 올랐어요...

gusdn5
사회가 어려웠는데 만상 학놀로 해보니까 좀 도움이 되네요 ㅋㅋㅋ 고마워요 뻥쌤
열공 열공 감사합니다. 공책 놓고 하니까 좋다

엑소
뻥쌤 ㅜㅜㅜㅜ오랜만에들어요 ㅜㅜㅜㅜ♡목소리좋으신건진짜변함없으신듯..귀에쏙쏙들어와용좋은강의감
사합니다 ^-^

착한공부법

둘리쌤과 옹달쌤의 맛있는 과학

강의 보러가기

★ 실험 동영상과 함께하는 재미있는 강의
★ 실험 과정 및 요점 정리
★ 실험 관찰 내용 완벽 정리
★ 재미있는 수업 전개로 강의에서 눈을 떼지 못하게 함
★ 중저음의 소유자 둘리쌤과 최강 비음 소유자 옹달쌤의 목소리는 강의에 푹 빠져들게 만듦

학생들 반응 댓글

열공Top
선생님 다음부터는 파워포인트로도 정리 해주시면 감사하겠어요.
그리고 여기서 과학공부하고 나니까 과학성적 75점으로 확 올랐어요.
정말 감사합니닷!!
앞으로도 좋은 공부 많이 부탁 드릴께요.!!!!!!!
둘리쌤 화이팅!!!

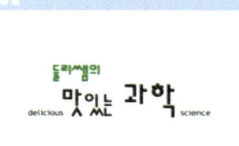

맛있는
우오.................ㅎ 완전 진짜 학원보다 쌤 잘뷁으로요 두요! 진짜 넘무 재미있네요~ 감유학은요ㅎㅎ

옹달쌤의 맛있는 과학

죽음의
안녕하세요. 오늘 처음 가입한 OOO입니다. 그런데 이 게시물 정말로 도움이 되네요..;; 제가 과학숙제도있고, 제가 2일뒤에 우리학교 기말고사가 있는데 정말 유익한정보가 됐습니다. 감사합니다. (꾸벅~~)

소
둘리선생님이 이렇게 가르쳐 주시니 이해가 잘 되네요^^
과학도 둘리선생님이 올리신 동영상을 예습.복습 하면서
시험공부 잘 될것 같아요!!!!

04

함께하는 착한공부

1 • 질문게시판

공부 비법

집이나 학교에서 갑자기 궁금한 것이 생겼다면 여러분들은 어떻게 하나요? 대부분의 친구들이 학교에 있을 때는 친구들에게, 집에서는 인터넷에서 답을 구합니다.

'문제집 추천해 주세요! 수학 문제는 어떻게 푸나요? 가족여행 가기 좋은 곳 추천해 주세요! 회장선거 연설문 어떻게 써야 할까요? 바로 그림 잘 그리려면 어떻게 하죠?' 등등 여러분들이 일상 생활에서 궁금한 점이나 문제집 등에서 이해가 가지 않을 때 여러분을 도와주는 곳이 학습놀이터에 있습니다. 바로 〈질문게시판〉입니다.

이 게시판은 4학년~중2학년까지 학년별로 친구들이 궁금한 점을 올리면 해당 학년의 친구들이 여러분의 입장에서 질문에 대한 의견을 써 주고 있습니다. 선생님이나 부모님 같은 어른들이 아닌 여러분들과 같은 입장에서 문제를 생각하고 의견을 써 주기 때문에 더 공감이 가고 좋은 의견이 많이 있어서 인기가 있는 게시판입니다.

일상생활에서 궁금한 점이 있다면 〈질문게시판〉에 질문해 보세요. 여러분들의 가려운 곳을 긁어 줄 겁니다. 때론 질문에 대한 답을 얻을 수 없더라도 용기를 북돋는 내용의 글로 여러분들을 위로해 줄 겁니다.

2 • 공부비법 공유하기

〈공부비법 게시판〉은 학습놀이터의 많은 친구들이 즐겨 찾는 곳 중의 하나랍니다. 그만큼 많은 친구들이 직접 실천해서 효과를 본 공부비법이 공개되어 있습니다. 다른 친구들이 어떻게 공부를 하는지 살펴보면 자신에게 맞는 공부법을 찾을 수 있을 것입니다.

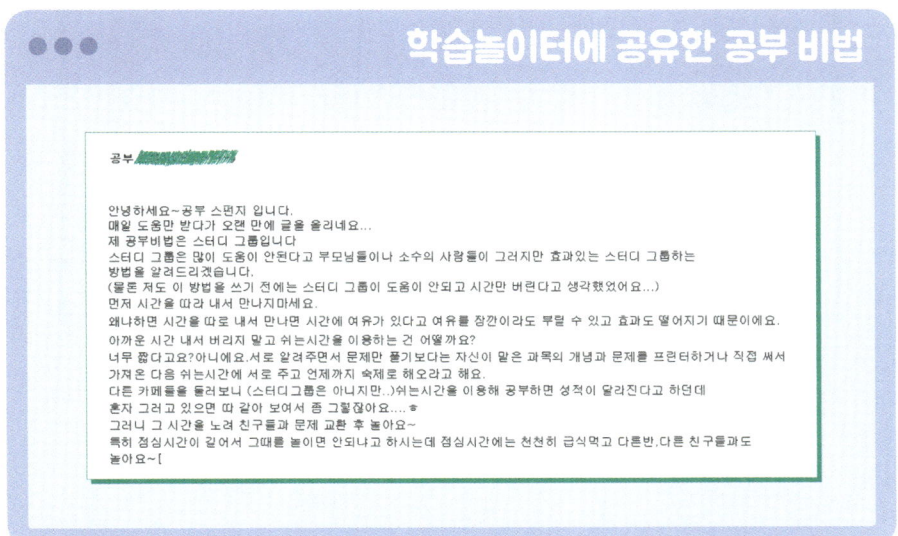

3 • 공부 친구 만들기 – 스터디 그룹

　　공부를 혼자가 아닌 친구들과 함께 공부하면 잘할 수 있는 친구들을 위한 공간이 학습놀이터에 있습니다. 바로 〈함께 공부해요〉 게시판으로 신청해서 '스터디 그룹'을 만드는 겁니다. 지금 현재 국어, 수학, 사회, 과학, 영어뿐만 아니라 음악, 진로, 공부 방법, 글쓰기, 컴퓨터 등 다양한 분야에 걸쳐 약 50개의 스터디 그룹이 활발하게 활동하고 있습니다.
　　스터디 그룹을 어떻게 만드는지 알아봅시다.

학습놀이터에서 스터디 그룹 만드는 방법

❶ 스터디를 하고 싶은 주제, 학년, 대상을 〈함께 공부해요〉 게시판에 글을 올립니다.

❷ 〈함께 공부해요〉 게시판에 학생들의 댓글로 같이 공부할 학생이 모이면 아송군쌤에게 쪽지를 보냅니다. 쪽지를 보낼 때는 어떤 방식으로 스터디 그룹을 운영할지 적어서 보냅니다. 스터디 그룹의 회원 수는 5~7명이 적당합니다.

❸ 아송군쌤에게 보낼 쪽지에 적을 내용은 아래와 같습니다.
　• 스터디 그룹명 :
　• 공부할 내용 :
　• 공부할 방법 :
　• 스터디 그룹 회원(닉네임) :

❹ 스터디 그룹에 대한 내용 검토가 끝나면, 스터디 그룹이 사용할 수 있는 게시판이 만들어집니다.

04
학습놀이터에서 신나게 놀자!

1 • 공책정리대회 참여하기

여러분이 정리한 공책은 세상 그 무엇과도 바꿀 수 없는 소중한 참고서가 될 것입니다. 나만의 소중한 공책을 공개해 보세요. 학습놀이터에서는 많은 친구들과 선생님들이 여러분의 공책을 보고 싶어 합니다.

그래서 학습놀이터에서는 〈공책정리대회〉를 열고 있습니다. 코넬식 공책정리법, 마인드맵 공책정리법, 수학 오답공책 작성법 동영상을 보고 정리한 공책 또는 나만의 공책정리법으로 공부한 내용 사진을 찍어서 올려 보세요.

코넬식 공책정리법 바로가기 / 마인드맵 공책정리법 바로가기 / 수학 오답공책 작성법 바로가기 / 함께하는 공책정리법 게시판

공책정리대회에서 입상한 친구들의 공책을 살펴볼까요?

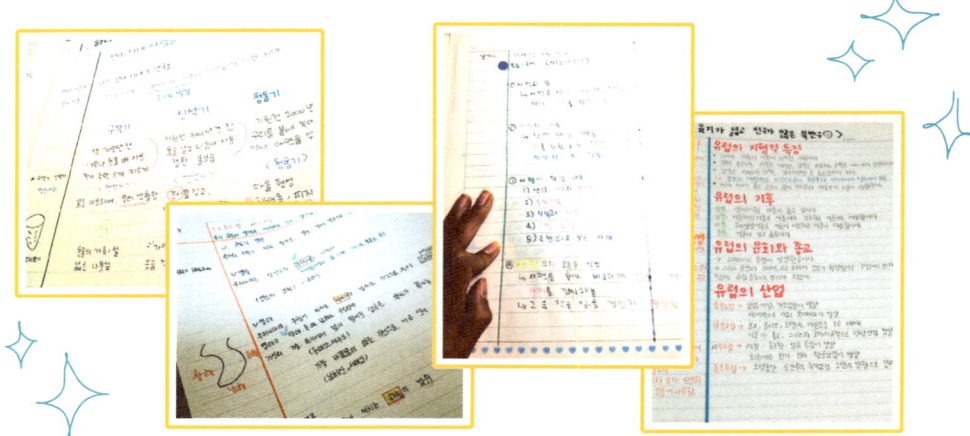

여러분들이 정리한 공책에 잘 정리했다는 칭찬 댓글이 달린다면 기분이 좋겠지요? 그리고 친구들이나 선생님들의 조언 댓글을 보고 앞으로 좀 더 나은 공책정리를 할 수 있게 될 것입니다.

2 • 지식나눔터대회

학습놀이터의 또 하나의 자랑거리는 바로 '또래교사'입니다.

학습놀이터의 또래교사는 자기가 하고 싶다고 해서 될 수 있는 것이 아닙니다. 바로 〈지식나눔터대회〉에서 치열한 경쟁을 뚫고 입상한 친구들에게만 또래교사라는 이름이 주어집니다.

지금까지 여러분들은 학교나 학원에서 아니면 다양한 매체(인터넷, TV 방송, 신문, 책 등)를 통해 지식을 얻어 왔습니다. 즉, 선생님이나 다양한 매체에서 생산된 지식을 여러분들이 받아들인 것이죠. '지식나눔'은 그와 반대로 여러분 자신이 생산한 지식을 다른 사람들에게 나눠 주는 것입니다.

〈지식나눔터대회〉는 학습놀이터의 〈지식나눔터대회〉 게시판에 여러분 자신이 생산한 여러분만의 지식을 공개하여, 그중에 학습놀이터를 운영하는 선생님과 친구들에게 우수한 평가를 받은 것을 선발하는 대회이고 또한 숨겨진 자신의 재능과 끼를 펼칠 수 있는 대회입니다.

❖ **참 쉬운 〈지식나눔터대회〉 참여 방법**

❶ 여러분이 가장 잘할 수 있는 것을 선택합니다.

〈지식나눔터대회〉에 참가하고 싶은 친구들에게 가장 많이 받는 질문 중 하나가 바로 "선생님, 저는 잘 하는 것이 하나도 없는데 어떡하죠?"입니다.

대회에 참가하고자 하는 친구들이 반드시 국어, 수학 등 교과를 선택해야만 하는 것으로 오해하는 경우가 많습니다. 하지만 참가 영역은 지금 배우고 있는 교과뿐만 아니라 여러분이 잘할 수 있는 다양한 특기(외국어, 컴퓨터, 그림 그리기, 악기 연주, 운동 등)도 얼마든지 가능합니다.

아래는 모두 여러분의 친구들이 직접 만든 강의입니다. 여러분도 할 수 있어요!

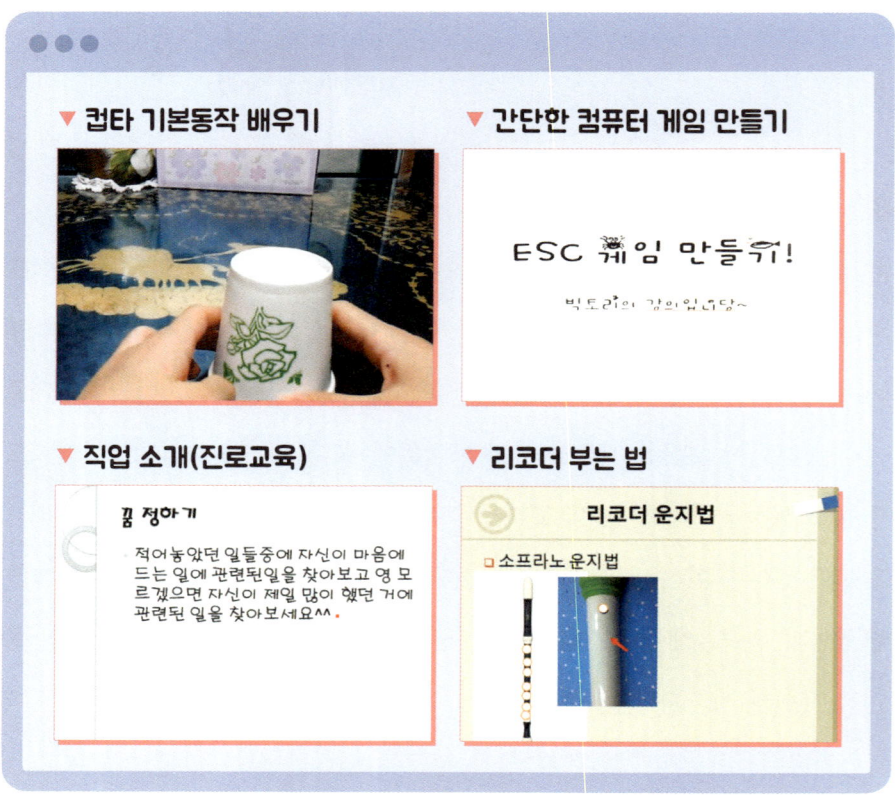

❷ 동영상으로 만들기입니다.

여러분이 보여 줄 내용을 동영상으로 만듭니다. 간혹 글과 그림으로 강의를 진행하는 경우도 있지만 대부분이 동영상으로 강의를 진행합니다.

스마트폰, 디지털카메라, 디지털캠코더 등을 이용하여 동영상을 촬영합니다. 대부분의 학생들이 스마트폰과 디지털카메라의 동영상 촬영 기능, 동영상 캡처프로그램을 활용합니다.

❸ 촬영한 동영상을 학습놀이터의 〈지식나눔터대회〉 게시판에 올립니다.

이것만 알면 나도 〈지식나눔터대회〉 입상자!

❶ 강의 내용은 누구나 쉽게 이해할 수 있어야 합니다. 눈에 띄기 위해 독특한 방법이나 재미있는 방법으로 하는 것도 좋지만 알려 주고자 하는 내용에서 벗어나서는 안 됩니다.

❷ 강의 내용이 체계적으로 전개되어야 합니다. 내용 전개가 앞뒤가 안 맞는 경우가 많이 있습니다.

❸ 다른 학생들과 차별화된 분야를 선택합니다. 국어, 수학, 사회, 과학은 현재 학습놀이터에 제공되고 있는 학습 내용이므로 학습놀이터에서 제공되지 않는 과목이나 친구들이 관심을 가질 만한 특기를 선택합니다.

❹ 동영상을 찍어서 그대로 올리는 것보다 약간의 편집을 해서 올리는 것이 좋습니다. 동영상 편집을 해야 한다고 해서 전문가들이 사용하는 프로그램을 써야 하는 것은 아닙니다. 윈도우즈에 기본적으로 설치되어 있는 윈도우 무비메이커를 활용해도 충분합니다.

❺ 스마트폰이나 디지털카메라로 찍을 경우 영상이 많이 흔들리지 않도록 주의합니다. 영상이 흔들리게 되면 머리도 아프고 집중하기가 힘듭니다.

❻ 목소리를 크게 하고 주변의 잡음이 함께 녹음되지 않도록 주의합니다. 간혹 강의에 TV 소리가 함께 녹음되는 경우도 있었습니다.

3 • 또래교사 도전하기

"또래교사가 뭔가요?"

또래교사는 〈지식나눔터대회〉를 통해 선발된 학생들로서 또래의 시각으로 자신이 알고 있는 지식을 동영상으로 만들어 제공하는 친구들입니다. 또래교사가 되면 영광스럽게 자신의 별명 끝에 선생님을 뜻하는 이니셜 'T'를 붙일 수 있습니다. 예를 들어 '홍길동T'처럼 말이죠.

그리고 보너스~!!!

학습놀이터에 또래교사만 운영할 수 있는 자신만의 게시판이 생깁니다.

또래교사가 하는 일이 뭔가요?

① 자신이 잘 알고 있는 분야(교과 내용, 특기 등)를 강의 주제로 정합니다.
② 강의 내용은 쉽고 재미있게 촬영합니다.
③ 만들어진 동영상을 자신의 게시판에 꾸준히 업로드합니다.
④ 강의를 본 친구들이 써 준 댓글에 답해 주면서 서로 의견을 공유합니다.

또래교사 명예의 전당

Study 소녀T

★ 제2회 지식나눔터대회에서 입상하여 또래교사로 선발되었습니다.

★ 현재 활발하게 활동하고 있으며 가장 인기 있는 또래교사입니다. 그만큼 Study 소녀T의 강의를 좋아하고 기다리는 학생들이 많습니다.

★ 초등학교 과목(국어, 수학), '필통 속의 연필' 이라는 주제를 가지고 다양한 강의를 하고 있습니다.

★ 특히, '필통 속의 연필' 은 공부에 대한 생각, 공부 방법, 공부 자료 등 공부와 관련된 이야기를 자신의 경험에 비추어 재미있게 풀어나가 많은 친구들에게 호응을 얻고 있습니다.

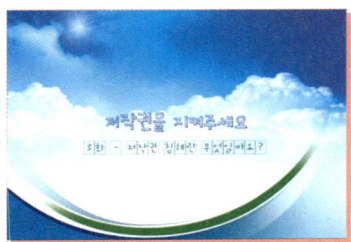

필통 속의 연필 Book 4 | study 소녀 T

study 소녀 T(twee****)

필통 속의 연필 Book 4
<사회> - 사회 공부는 어떻게 해야 좋을까요?

꼼꼼히 요점 정리 하다 보면 사회 실력이 쑥쑥!

모든 과목이 그렇겠지만, 사회는 교과서를 살피는게 중요합니다.
아무것도 모르는 상태에서 문제집부터 보면 자기가 무엇을 공부하는지 모르는 경우가 있거든요.
그러니 우선 사회 교과서에 나오는 차례를 잘 읽어보고, 각 단원의 제목과 주제를 읽어보는게 중요합니다.
단원 제목은 사회 공부의 목적을, 단원 주제는 그 목표를 알려줍니다.
그러니 이 두가지를 살피면 배우고자 하는 내용의 흐름을 한 눈에 알아볼 수 있답니다.

또한, 사회는 요점 정리가 거의 필수라고 할 수 있습니다.
넓은 범위의 내용을 공부해야 하기 때문에 보기 쉽게 요약·정리하면 많은 도움이 되지요.
중심 문장과 보조 문장을 찾으면 훨씬 쉽게 요점정리를 할수 있답니다.

착한공부법

또래교사를 하면서 이렇게 변했습니다 - Study 소녀T 이야기

첫째, 카페에 내가 올리고자 하는 과목의 동영상을 만들기 위해서 더 자세하고 열심히 공부해야 합니다. 그것 때문에 그 과목의 성적이 더 올랐습니다.

둘째, 내가 올린 동영상을 보고 친구들이 많은 댓글을 써 줍니다. 댓글의 내용은 대부분이 고맙다는 내용과 격려의 글입니다. 그리고 동영상 내용의 잘못된 점에 대한 지적과 다음에 해 주었으면 하는 공부에 대한 내용도 있습니다. 이런 글들을 보면서 다음에 할 학습 내용을 구상해 보고 다음에는 더 열심히 해야겠다는 생각을 하게 됩니다.

셋째, 미래에 교사가 되기 위해 열심히 노력하고 있는 나는 또래교사를 하면서 교사라는 직업에 대해 더욱 더 매력을 느낄 수 있었습니다.

넷째, 발표에 대한 자신감이 생겼습니다. 원래는 수줍음 많고 소심한 성격이어서 남들 앞에 서기를 부끄러워했습니다. 하지만 동영상 강의를 촬영하면서 많은 친구들이 제 강의를 본다는 생각에 목소리를 크게 했더니, 그것이 습관이 되었는지 학교 수업 시간에도 저도 모르게 큰 소리로 발표하게 되어 놀랐습니다. 지금은 학급에서 모둠 발표는 제가 도맡아 하고 음악 시간에 먼저 손을 들고 노래도 한답니다.

교과서 인용 목록

《착한공부법》	교과서			
본문 면	학년	학기	과목	본문 면
104	4	1	과학	5
105	4	1	사회	5
105	4	1	수학	5
107	4	1	사회	9
109	4	1	수학	125
109	4	1	과학	30
110	4	1	과학	20
111	4	1	수학	125
112	4	1	과학	32
113	4	1	과학	42
113	4	1	사회	49
114	4	1	수학	103
115	4	1	수학	80
116	4	1	사회	21
117	4	1	수학	170
117	4	1	과학	28
119	4	1	과학	30
119	4	1	과학	31
120	4	1	과학	30
120	4	1	과학	31
132	4	1	사회	22
133	4	1	과학	30
134	4	1	사회	22
134	4	1	사회	24
134	4	1	사회	25
136	4	1	과학	30
136	4	1	과학	31
152	6	1	과학	108